O não você já tem, então vá à luta

WILSON POIT
COM LUÍS COLOMBINI

O não você já tem, então vá à luta

Como uma ideia simples, de um homem que veio do nada, se transformou numa empresa milionária

1ª reimpressão

Copyright © 2019 by Wilson Poit

A Portfolio-Penguin é uma divisão da Editora Schwarcz S.A.

PORTFOLIO and the pictorial representation of the javelin thrower are trademarks of Penguin Group (USA) Inc. and are used under license. PENGUIN is a trademark of Penguin Books Limited and is used under license.

Grafia atualizada segundo o Acordo Ortográfico da Língua Portuguesa de 1990, que entrou em vigor no Brasil em 2009.

CAPA André Hellmeister
PREPARAÇÃO Silvia Massimini Felix
REVISÃO Isabel Cury e Luciane Helena Gomide

Dados Internacionais de Catalogação na Publicação (CIP)
(Câmara Brasileira do Livro, SP, Brasil)

Poit, Wilson
    O não você já tem, então vá à luta : Como uma ideia simples, de um homem que veio do nada, se transformou numa empresa milionária / Wilson Poit com Luís Colombini. — 1ª ed. — São Paulo : Portfolio-Penguin, 2019.

    ISBN 978-85-8285-088-6

    1. Administração de empresas 2. Brasil – Política e governo 3. Empreendedores 4. Empreendedores – Brasil 5. Empreendedorismo 6. Histórias de vida 7. Poit, Wilson, 1958– I. Colombini, Luís II. Título.

19-24748   CDD-338.04092

Índice para catálogo sistemático:
1. Empreendedores : História de vida 338.04092

Maria Alice Ferreira – Bibliotecária – CRB-8/7964

[2019]
Todos os direitos desta edição reservados à
EDITORA SCHWARCZ S.A.
Rua Bandeira Paulista, 702, cj. 32
04532-002 — São Paulo — SP
Telefone: (11) 3707-3500
www.portfolio-penguin.com.br
atendimentoaoleitor@portfolio-penguin.com.br

Para Edson, meu querido irmão

SUMÁRIO

Prefácio, Jorge Paulo Lemann 9

1. No meio do nada 11
2. Humilhação e impotência 17
3. O "Maismió" 25
4. Um telegrama inesquecível 32
5. Quatro tiros n'água 39
6. "Parabéns, você fez tudo errado" 46
7. Como nasce uma empresa 52
8. Erros, vacilos e deslizes 60
9. Pode contar com o que ainda não tenho 66
10. Surfando dois tsunamis 73
11. Dancei bonito 78
12. Fantasmas 84
13. A Endeavor e a chuva de meteoros 92
14. Mudança de mentalidade 109
15. Novas frentes 115
16. A escalada 123

17. A profissionalização 130
18. "Sua empresa não é mais a mesma" 137
19. O aporte 145
20. Desapego 153
21. A venda 160
22. Não ande de lado 165

Créditos das imagens 175
Agradecimentos 177

PREFÁCIO

Jorge Paulo Lemann

O que você faria se fosse um menino pobre, dentuço e criado na roça?

Pois esse foi o começo da história de Wilson Poit. Nascido na zona rural de Osvaldo Cruz, no interior paulista, passou a infância numa casa de tábuas em que não havia sequer luz elétrica. Só foi conhecer bolacha, iogurte, fogão a gás e xampu aos onze anos, quando a família se mudou do campo para a cidade.

Seu pai se virava para sustentar a família — primeiro plantando café e depois beneficiando arroz e vendendo botijões de gás. Desde cedo, Wilson o ajudava nesses pequenos negócios e ainda arrumava tempo para fazer bicos como sorveteiro e consertador de fogões.

Além de dar duro para ajudar a família, o garoto ainda tinha de aguentar gozações na escola por conta de seu sotaque caipira e das roupas simples que usava, criadas e costuradas por sua mãe. De natureza tímida, Wilson se retraía ainda mais por causa do complexo em relação a seus dentes, que eram um pouco projetados para a frente (problema que ele só teria condições de corrigir na vida adulta).

Apesar das dificuldades, ele nunca se descuidou dos estudos. Gostava das exatas, mas também era bom em geografia e português. Foi um dos primeiros da família a entrar na faculdade e a ter diploma universitário. Formou-se engenheiro elétrico na Faculdade de Engenharia Industrial (FEI).

Chegou a trabalhar em algumas empresas, mas logo decidiu empreender. No começo foi difícil, e vários de seus negócios não decolaram. Foi só quando estava com quase quarenta anos que conseguiu dar sua grande tacada: comprou um gerador para garantir energia em eventos especiais. A partir dele, criou a Poit Energia. Trabalhou muito para se tornar o melhor fornecedor desse setor e acabou atraindo a atenção de gigantes mundiais.

Em seu processo de aprendizado como empreendedor, houve inúmeras idas e vindas. Para um homem que cresceu no interior, ouvindo que o olho do dono é que engorda o boi, Wilson teve de aprender a delegar, a institucionalizar a empresa e a criar sucessores. Seus mentores nesse processo foram, entre outros, meu sócio Beto Sicupira e Salim Mattar, fundador da Localiza.

Depois de apenas doze anos de existência da empresa, Wilson vendeu a Poit Energia por 190 milhões de dólares, o equivalente a 400 milhões de reais em 2012. Ele poderia até ter pendurado as chuteiras, porém decidiu começar a escrever um novo capítulo em sua vida: foi para o setor público, disposto a melhorar o Brasil.

Que maravilha seria se tivéssemos mais empreendedores do gabarito de Wilson trilhando esse caminho. Gente como ele sabe que, se não houver muito esforço e organização, nada funciona. Gente como ele reconhece a importância de atrair boas pessoas. Gente como ele entende que pragmatismo é melhor que radicalismo. E, talvez, o mais importante: gente como ele sabe que desvios de caráter ou práticas não éticas acabam destruindo qualquer projeto maior.

Tomara que Wilson tenha, no setor público ou privado, numa consultoria ou numa ONG, o mesmo sucesso que obteve nos negócios. E tomara que outros jovens empreendedores se animem ao ler este livro. Assim como aquele menino pobre do interior paulista, todo mundo pode pensar grande e ajudar a melhorar o Brasil.

CAPÍTULO 1

No meio do nada

— Você é um merda. Nunca vai ser nada na vida.

Desde que me entendo por gente, ouvi essa frase dezenas, talvez centenas de vezes, sempre da boca do meu pai. Começou quando eu era garoto, prosseguiu pela adolescência e, mesmo em 2012, aos 53 anos, quando vendi minha empresa por 400 milhões de reais, embora demonstrando felicidade legítima e orgulho — ele me parabenizou —, meu pai ainda deu um jeito de desconfiar:

— Vê aí se não vai gastar tudo de uma vez...

Especialista em abrir buracos na minha alma e na minha autoestima, ele não punha nenhuma fé em mim. Descendente de italianos e alemães, meu pai, Wilford Daniel Poit, teve uma infância difícil. Meu avô raramente estava em casa: trabalhava pouco e se divertia muito, e muitas vezes deixou minha avó cuidando sozinha dos cinco filhos durante meses. Desde cedo, meu pai, o primogênito, teve de trabalhar muito para ajudar a sustentar a família, capinando roça ou vendendo mamona colhida no mato. Quando o pai dele voltava para casa, já pensando na próxima partida, não raro tratava os filhos com brutalidade. Além de ausência, pode-se dizer que o legado do meu avô ao meu pai foi pouca educação e muita violência.

"Pai bom, filho ruim; pai ruim, filho bom." Essa sempre foi uma das frases preferidas do meu pai. Para ele, ser implacável era uma lei universal. Afagos e elogios só deixariam os filhos mimados, moles e indolentes. Apenas disciplina férrea, reprimendas, críticas, surras e castigos poderiam torná-los homens de verdade.

Até onde me lembro, meu pai estava sempre bravo e irritado. Não tinha paciência comigo, nem com Edson — meu irmão caçula, dois anos mais novo —, nem com a própria esposa, Therezinha — minha mãe. Brigava por qualquer motivo: o tempero da salada, o lugar em que um filho sentava à mesa, comentários que julgava inadequados, risada alta, risinho baixo. Tudo tinha de ser do jeito dele, na hora em que ele queria. Se Edson e eu demorássemos a chegar quando ele nos chamava com um assobio longo e agudo, mesmo que estivéssemos longe, apanhávamos de cinto ou ficávamos de castigo.

Se algo dava errado, a primeira coisa que meu pai fazia era procurar um culpado — que devia ser qualquer um, menos ele. Se estava dirigindo e errava o caminho, jamais era falha dele. Ou era culpa da minha mãe, que falava demais e o distraía, ou minha e do meu irmão, que estávamos fazendo bagunça no banco de trás, mesmo que ela estivesse calada e Edson e eu, imóveis. O fato é que vivíamos sobressaltados, com medo do meu pai, só esperando a bomba cair.

Minha mãe vinha de família espanhola, cujas matriarcas costumam ser firmes e até rigorosas, porém muito protetoras. De início, ela ainda tentou intervir e atenuar as imprecações e agressões de meu pai contra mim e meu irmão. Com o tempo, desistiu, vencida pela aspereza dirigida a ela e pela veemência com que o marido executava sua política opressora de formação dos filhos. Com seu poder de reação anulado, minha mãe, antes uma mulher extrovertida e expansiva, foi se tornando uma pessoa submissa, apática e assustada. Passou a enxergar o mundo com pessimismo. Para ela, infortúnios — pequenos, médios, grandes e enormes — estavam sempre à espreita, era só questão de tempo para que algo ruim acontecesse. Não se pode dizer que aquele era um ambiente psicológico estimulante para uma criança se desenvolver.

Meu pai, apesar de ser rígido em casa, se tornava a simpatia personificada da porta para fora. Agricultor e comerciante, seu Wilford, homem alto, inteligente, bonito, com pinta de galã, era cordial, afável e sedutor com os clientes. Tinha um talento natural para agradar. Sorria sempre, dava aperto de mão forte, olhava no olho, perguntava da família, proseava como um velho amigo e concluía o negócio fazendo um agrado ao cliente, muitas vezes entregando um pouco a mais de mercadoria do que o pedido. Assisti a essa cena durante anos, várias vezes por dia, e nunca deixei de me surpreender com a satisfação larga e genuína das pessoas ao receber o mimo. "Até a próxima", meu pai dizia, e os clientes sempre voltavam. Aprendi que a gentileza é poderosa.

Quando nasci, em outubro de 1958, meus pais moravam no meio do nada, na zona rural de Osvaldo Cruz, no interior de São Paulo, perto de Presidente Prudente, a cerca de 560 quilômetros da capital. Eles haviam se casado em 1955, ele com 22 anos, ela com dezenove. Foram morar no sítio de um tio e ali o ajudavam a cultivar café em troca de um percentual da colheita. Também plantavam melão para vender na cidade. Produziram o suficiente para comprar um pequeno caminhão usado e, assim, vender mais melão numa única viagem.

Poucos anos depois, meus pais se mudaram para uma fazenda vizinha, onde nasci. Era um lugar grande, com sede e escolinha, armazém, boteco e campo de bocha. Meu pai soube que ali estava à venda uma pequena máquina de beneficiamento de arroz e a comprou. Beneficiamento é o nome técnico para tirar a casca da planta e deixá-la com a aparência com que é vendida nos mercados. Nesse processo, muitos grãos se quebravam. Uma parte era triturada para fazer farelo ou quirera, moagem usada para alimentar galinhas. Outra parte imperfeita, conhecida no jargão agrícola como arroz três quartos, era vendida a granel com desconto. O arroz descascado e inteiro era nossa joia da coroa. Era possível vendê-lo bem mais caro do que o preço de custo.

Quando eu tinha quatro ou cinco anos, época em que começaria a frequentar a escolinha da fazenda, meus pais se mudaram de novo. A família estava progredindo. Com o dinheiro do arroz, meu pai se tornou proprietário de uma lavoura de 14 mil pés de café numa área de cerca de dez alqueires, equivalente a catorze campos de futebol, em Osvaldo Cruz. Ele e minha mãe davam conta de tudo, com minha ajuda e a de meu irmão, à medida que crescíamos. Só na época da colheita é que eles chamavam uma pessoa para colaborar, o seu Clemente, bom trabalhador de dia e ótimo contador de histórias assustadoras à noite.

Éramos pobres, mas não miseráveis. Nossa casa era de madeira. Tinha sala, cozinha e dois quartos, paredes de tábua, piso de cimento vermelho e telhado sem forro, cheio de goteiras. O banheiro — com chuveiro de balde, que era acionado por uma corda — ficava num cômodo contíguo à cozinha, perto do fogão à lenha, no qual se aquecia a água do café, do arroz e do banho. O sabão era feito em casa, num tacho em que se misturavam miúdos de porco e soda cáustica. Mais tarde, a receita mudou, tornou-se mais ecológica, saindo o porco e entrando o abacate como ingrediente principal.

Do lado de fora do casebre, além do forno de assar pão, ficava outro banheiro, para as necessidades maiores, com um buraco cavado no chão e, para nosso asseio, pedaços de jornal ou papel de embrulho cortados em formato retangular e espetados num arame. Isso era comum no interior quando eu era criança, assim como os penicos esmaltados que ficavam embaixo das camas, salvação para apertos noturnos e goteiras nas chuvaradas.

Era uma vida tão simples que o refrigerante mais nobre da região, a tubaína, só aparecia na nossa mesa em época de Natal. Mas não se engane: nunca, nem de longe, passamos fome. Tínhamos duas vacas leiteiras — Negrinha e Boneca —, muitas galinhas, alguns porcos. Além de ovos à farta e uma horta com legumes e verduras, a família mantinha pequenas plantações de milho, mandioca e feijão. No pomar, manga, laranja, tangerina, mamão e melancia. Fiz minhas primeiras pescarias no rio que passava no terreno de casa, atravessando a mata cheia de preás que, de vez em quando, caçados pelos adultos, acabavam na nossa panela.

De dia, meu irmão e eu vivíamos descalços, de calção, quase sempre descamisados, com estilingue na mão. Quando fiz seis anos, fui matriculado na escola rural. Os professores vinham de Parapuã, a cidade mais próxima, a doze quilômetros de casa. Nas épocas de chuva, a estrada de terra ficava tão enlameada que eles não conseguiam chegar — a não ser o professor que tinha um jipe.

Durante quatro anos, de segunda a sexta, caminhei oito quilômetros por dia — quatro para ir, quatro para voltar — para frequentar a escola, que só oferecia o antigo curso primário. Fazia todo o percurso com o estilingue no pescoço e, às vezes, voltava para casa com passarinhos na mão para reforçar o almoço. Hoje sabemos que isso é crueldade. Naquele tempo era normal, somente diversão para as crianças e mais proteína à mesa para as famílias.

No dia a dia, a única condução à qual eu estava habilitado era uma velha mula, mas ela estava reservada para o trabalho no sítio. Quando a mula morreu, meu pai pretendia comprar uma égua para mim, para que eu pudesse frequentar o ginásio (atual segunda etapa do ensino fundamental) na cidade de Osvaldo Cruz. Mas isso nunca aconteceu. Deu tudo errado, o dinheiro acabou e tivemos de nos mudar mais uma vez.

Nos onze anos em que morei na zona rural de Osvaldo Cruz, nunca houve energia elétrica em nossa casa — o que equivale a dizer que, até os onze anos de idade, eu mal sabia que existiam eletrodomésticos. Nunca tinha visto lâmpada, televisão, rádio, geladeira. A iluminação noturna vinha de lamparinas a querosene. Terminado o jantar, do lado de fora da casa, no terreno de secar café, muitas vezes a família se reunia para conversar, falar do que havia acontecido durante o dia e contar histórias. Depois minha mãe me colocava na cama. Muitas e muitas vezes, eu lhe dizia:

— Mãe, estou com uma vontade de não sei o que é.

Eu realmente não sabia, embora houvesse o pressuposto de que eu falava de comida. Com exceção da água do rio, não havia nada para ingerir nas redondezas que fosse gelado. Debaixo do sol do interior, as frutas no pé estavam sempre quentes. Eu não sabia que existia iogurte ou sorvete, desconhecia até bolachas. Minha mãe ficava aflita e, sem saber o que fazer, misturava água e açúcar num copo e me dava para beber. Eu me acalmava e dormia, embalado pela sensação de que ali não existia o que pudesse me satisfazer.

Durante anos, meu pai não perdeu dinheiro com café. Às vezes empatava, na maioria das vezes lucrava, e assim a vida prosseguia. Mas em 1967, quando eu tinha nove anos, a cotação do café despencou tanto por causa do excesso da produção nacional que meu pai decidiu não vender a safra recém-colhida. Caso o fizesse, teria um prejuízo danado. Deixou-a estocada na esperança de que a cotação subisse no próximo ano. Para financiar a nova colheita, pediu empréstimo no banco. Ocorre que, em 1968, o preço do café caiu ainda mais. Quebrado, com duas safras desvalorizadas no galpão, meu pai desanimou, deixou de ver perspectiva naquilo e tratou de arranjar alternativas.

Na primeira oportunidade, aos 36 anos, Wilford se desfez do sítio em que mantinha o cafezal, os animais, o pomar e nossa casa. Trocou-o por uma máquina de beneficiamento de arroz na cidade de Rinópolis, a dezoito quilômetros de Osvaldo Cruz. E assim a família se mudou da zona rural para uma cidade de verdade, com 10 mil habitantes, ruas, casas, carros, praça, igreja, prefeitura, banco, comércio, energia elétrica e novidades espantosas como fogão a gás, papel higiênico, xampu e sabonete.

CAPÍTULO 2

Humilhação e impotência

Morei em Rinópolis dos onze aos dezessete. Nesses seis anos, sorri pouco. Além de tímido por vocação e índole, eu tinha muita vergonha, muitos complexos. Cresci rápido, aos quinze anos já tinha quase 1,90 metro de altura. Fiquei alto, magricela, desengonçado. Meus dentes incisivos eram bem inclinados para fora. Quando meu pai foi informado de que aquilo era fácil de arrumar com o uso de aparelho, ele desdenhou e disse que não, que daquele jeito estava bom, que eu até ficava bem com cara de tubarão. Então eu não sorria.

Na cidade, eu era, ou me considerava, o mais feio, o mais pobre, o mais inculto. Recém-chegado da roça, falava com sotaque característico, porrrta, trupicão, esse tipo de coisa. Até uma professora da escola fazia gracejos a meu respeito em sala de aula, para deleite dos meus colegas, muitos filhos de advogados, gerentes de banco, médicos, fazendeiros, grandes comerciantes. Um dos únicos caipiras ali era eu; até meu calçado surrado e as camisas puídas destoavam das roupas novas e bem passadas da maioria da classe. Minha mãe fazia todas as minhas calças e camisas; só fui ter o primeiro jeans aos dezesseis anos de idade. Eu vivia constrangido, me sentia deslocado o tempo inteiro.

Cada um se defende como pode. Sem saber o que fazer para me

adequar e ser aceito no grupo, acabei me fechando mais, me tornei introspectivo na presença de garotos e garotas da minha idade. Só me soltava em casa, quando não havia ninguém por perto.

Nessas horas, eu falava sozinho, sem parar, andando para cá e para lá por um tempão. Narrava partidas de futebol em que eu era o craque ou criava aventuras cheias de perigos nas quais me consagrava como herói. Era um comportamento tão compulsivo que, depois de me flagrar algumas vezes, minha mãe ficou preocupada e quis me levar ao médico. Meu pai disse que não precisava, que era só mais uma das minhas esquisitices. De fato: demorou, mas um dia a mania se foi, por volta dos meus dezesseis ou dezessete anos.

Em Rinópolis, eu ainda não sabia que todo mundo tem pelo menos um talento, uma característica determinante, o tal do ponto forte que deve ser explorado para que você consiga sair do atoleiro e ocupar seu lugar na vida. A questão é achar esse troço.

Na biblioteca de Rinópolis, eu me encantei pela literatura, gosto que nunca mais perdi. Lia uns dois livros por semana, Machado de Assis, biografias, as obras variadas das *Seleções do Reader's Digest*, qualquer coisa que despertasse minha curiosidade. Também navegava pela Enciclopédia Barsa, fuçando em verbetes sobre história, países e pessoas, como se faz hoje no Google.

Também me maravilhei com o cinema e os filmes de faroeste e de ação que passavam no Cine Rinópolis, no centro da cidade. Na escola, descobri que gostava de estudar, tinha facilidade para aprender e vontade de me aprofundar. Aos poucos, fui diminuindo a distância de repertório que me separava dos colegas.

Fiquei bom em geografia, história, ciências, até português e, sobretudo, matemática. Fazia contas complicadas de cabeça, não errava equações, entendia quase tudo de primeira. Com nota dez em praticamente todas as matérias, o resultado é que me tornei um dos melhores alunos da escola, o que sempre confere status e prestígio entre os colegas. Foi a primeira vez que consegui provar ao mundo que eu não era um inútil.

Pena que algumas coisas não mudavam. Quando me formei no ginásio (o atual ensino fundamental), aos catorze anos, era preciso pagar uma taxa para participar da festa de formatura. Meu pai se negou a abrir a carteira. Era mesmo difícil arrancar dinheiro do homem, minha mãe sempre tinha de suplicar durante dias se quisesse comprar qualquer coisa para nós. Mas dessa vez não teve jeito; para ele, seria puro desperdício de recursos. Avisei no colégio que não tinha dinheiro para a taxa e, por isso, não tinha como comparecer.

Dois dias antes da formatura, bateram palmas na frente de casa. Era um colega de turma trazendo um recado oficial do colégio:

— Olha, nós conversamos na escola e todo mundo concordou que não é justo você ficar de fora. Então você pode ir à formatura, participar da festa e pegar seu diploma sem pagar taxa nenhuma.

Fiquei muito feliz, radiante mesmo, mas a demonstração de consideração e apreço do colégio não alterou a conclusão da história. Eu não tinha nenhuma roupa de festa e comprá-la estava fora de cogitação. Não queria ser mais ridicularizado, receber olhares e risinhos irônicos, passar vergonha. Decidi ficar em casa e não ir à comemoração.

Para não ser mal interpretado, talvez precise ser mais claro em relação ao meu pai. Ele podia ser avarento, muito duro e até cruel, mas seus ensinamentos foram importantes demais para mim. Até sua morte, em 2015, eu jamais parei de agradá-lo nem de buscar sua aprovação. A cada conquista minha — um caminhão novo ou a inauguração de uma filial, por exemplo —, eu telefonava para lhe contar as novidades. Ele ficava feliz, tinha orgulho, mas raramente se esquecia de me dar um cutucão. A régua sempre subia.

Eu comprava carros brancos para mim porque meu pai gostava dessa cor. Dei-lhe uma Mercedes de presente, realizando um dos seus maiores sonhos. Minha mãe, que sempre me apoiou e fez o possível para segurar a barra doméstica, reclama até hoje que em palestras eu só falo dele, citando suas frases marcantes e seu estilo de tocar o negócio, e que me esqueço dela com frequência.

Justiça seja feita. De fato, minha mãe também era empreendedora. No sítio de Osvaldo Cruz, ela sempre criou os modelos, cortou os tecidos e produziu minhas roupas e as de meu irmão. Em Rinópolis, além de costurar para fora, também foi cabeleireira num pequeno salão montado no quarto nos fundos da nossa casa. Mais do que meu pai, ela me ensinou a ser econômico. Hoje, quando já faz tempo que a timidez ficou para trás e me tornei uma pessoa falante, muita gente considera que me pareço mais com a extrovertida dona Therezinha do que com o caladão seu Wilford.

Foi meu pai, no entanto, quem me deu as primeiras oportunidades de trabalho e as lições iniciais de negócios, nunca com teoria, mas com suas boas sacadas ou exemplos práticos — como aquela tática de entregar um pouco a mais do que o cliente tinha pedido. Trabalhador, disciplinado e organizado, ele sabia como gerar dinheiro. Com seu caminhão, passava dias, às vezes semanas, viajando, comprando arroz mais barato direto dos produtores de Mato Grosso e do Paraná. Várias vezes eu fui junto, me alegrando com a companhia de meu pai e me deslumbrando com a descoberta do mundo.

Em Rinópolis, nossa casa, a máquina de beneficiamento e o mercado no qual meu pai oferecia seu produto ao público ficavam no mesmo terreno. De início, ele só vendia arroz na loja. Aos poucos, o feijão — roxinho e mulatinho — foi incluído no catálogo. Mais tarde, meu pai resolveu também vender batata, que tinha boa saída, mas dava muito trabalho.

A batata estraga logo. Vendida por agricultores ou atacadistas em sacas de sessenta quilos, começa a brotar em questão de dias. Vira e mexe, a gente tinha de entornar todo o conteúdo do saco no chão, retirar um a um os brotos de cada batata e depois enfiar tudo de volta no saco. Além disso, batata desidrata, murcha e perde peso muito rápido. Em duas semanas, os sessenta quilos viravam 58, se não menos.

Como a clientela se acostumara a comprar batata na loja, meu pai tinha receio de perder parte da freguesia se parasse de oferecê-la. Então teve uma ideia. Chamou a mim e ao Edson, eu com treze anos, ele com onze, e anunciou:

— A partir de hoje, vocês é que vão vender as batatas. Empresto o dinheiro para a compra no atacado e depois vocês me devolvem. O lucro é todo de vocês. Podem até guardar numa gaveta separada. Bom proveito.

De manhã, acordávamos às seis horas e íamos para a escola. Na volta, almoço e lição de casa. Depois, meu irmão e eu ficávamos na loja tentando empurrar as batatas para os clientes. Quando algum fazendeiro ou capataz levava vinte quilos de uma vez, a gente comemorava como se tivesse ganhado a Copa do Mundo. Gostei demais de ter meu próprio dinheiro.

Sábado é um dia muito importante para o comércio do interior. O pessoal da roça vai para a cidade fazer compras e se divertir. Enquanto meu pai ficava na loja, Edson e eu descobrimos uma maneira de aumentar nossos rendimentos. A exemplo de muitos amigos de origem modesta, fomos vender sorvete na praça, enquanto os colegas filhos de fazendeiros e médicos ficavam passeando e flertando por lá.

Na sorveteria Delícia, a principal de Rinópolis, recebíamos um isopor lotado de picolés e saíamos pela cidade gritando "sorvete, sorvete, quem quer sorvete?". Quando acabava o estoque, voltávamos na Delícia e fazíamos o acerto de contas, embolsando nossa parte. Se o movimento estivesse bom, reabastecíamos o isopor e voltávamos à luta.

Até hoje me impressiona como um garoto tímido como eu, inábil em relacionamentos sociais e uma nulidade com as meninas, perdia a inibição para apregoar seu produto aos brados, na tentativa de ganhar uns trocados. Num único dia, cheguei a vender mais de cem picolés, recorde histórico entre os vendedores mirins de Rinópolis naquela época.

Juntando o dinheiro das batatas e dos sorvetes, meu irmão e eu realizamos nosso primeiro sonho de consumo, muito comum no interior naquela época: compramos nossa primeira espingarda de pressão. Eu tinha catorze anos, ele doze. Rapaz, como nos divertimos. Ficamos bons de pontaria acertando latas e outros alvos à distância. Pouco depois, comprei também uma bicicleta. Adorava sair pedalando e curtindo aquela maravilhosa e até então inédita sensação de liberdade.

Lá pelas tantas, meu pai intuiu que vender gás de cozinha também poderia ser lucrativo. Então ele saía de madrugada com o caminhão e pegava a estrada para comprar no distribuidor. Bom negócio para ele, péssimo para mim e meu irmão. Como já ocorria com as sacas de sessenta quilos de batata, nós dois éramos obrigados a descarregar o caminhão lotado de botijões de gás, cada um com mais de trinta quilos. Aquilo era uma tortura, um triturador de costas que deixava meu corpo doído por dias.

Com as batatas, Edson e eu ganhávamos dinheiro. Com o gás, só perdíamos tempo e energia. Certo dia, meu pai comprou uma bicicleta com um suporte adaptado para transportar botijões. A contragosto, meu irmão e eu nos tornamos os entregadores oficiais da loja. Durante mais de três anos, levamos gás de bicicleta a centenas de residências de Rinópolis — até hoje, sei de cor as ruas da cidade e nome e sobrenome de muitos moradores aos quais entregava regularmente os botijões.

Por essas entregas, eu não recebia um tostão do meu pai. Para não dizer que ele nunca nos dava nada, aos sábados, depois de muita súplica, seu Wilford entregava uma nota a mim e outra a meu irmão, dinheiro suficiente para ir ao cinema, dar uma volta na praça e tomar um lanche — misto-quente com tubaína — no bar do Gabatel, batizado com o nome do proprietário.

Olhando em retrospectiva, sem que eu percebesse que estava aprendendo, a juventude em Rinópolis me ensinou um bocado sobre negócios. As aulas iniciais de meu pai, práticas e informais, me mostraram como vender, como tratar bem os clientes e também que desvalorizar funcionários, no caso meu irmão e eu, era um tiro no pé. Com a venda do sorvete na rua aos sábados, e também da jabuticaba colhida no pé em novembro (o pico das vendas era sempre o Dia de Finados, na porta do cemitério), encontrei um meio de driblar a timidez.

Reforcei essa lição em 1973, nos seis meses em que fui atendente da única loja de discos de Rinópolis, apresentando aos clientes sucessos recém-lançados, como *Ouro de tolo*, de Raul Seixas, ou *Goodbye Yellow Brick Road*, de Elton John. Alguns clientes que vinham da roça me pagavam algo como cinco reais de hoje para tirar a letra de músicas sertanejas de duplas famosas como Tonico e Tinoco ou

Zico e Zeca, e depois escrevê-las num papel. Assim, quando a música tocava no rádio do sítio, eles podiam acompanhar melhor.

Investindo no meu futuro, meu pai me matriculou numa escola de datilografia, e depois me deu de presente uma máquina de escrever Olivetti Lettera 44, coisa finíssima à época. Na inscrição, o dono da escola olhou para meus dedos finos e compridos e não pôs muita fé que aqueles gravetos esquálidos dariam conta do recado. Não estou fazendo intriga — ele falou isso na minha frente. Mas o fato é que fiquei bom naquilo.

O professor de história do ginásio soube e me contratou para datilografar o programa das aulas do ano todo, que ele precisava enviar para a então delegacia de ensino de Presidente Prudente, responsável pela supervisão educacional da região. Peguei um calhamaço manuscrito e transformei-o em quase trinta páginas datilografadas sem erro. Em pouco tempo, a clientela de professores aumentou. Com isso, também aprendi que eu podia ganhar dinheiro fazendo o que ninguém mais queria fazer ou executava de má vontade.

É provável que, mais cedo ou mais tarde, eu me convencesse de que a vida em Rinópolis, assim como a do sítio em Osvaldo Cruz, nunca me satisfaria, deixando sempre a sensação de que estava faltando alguma coisa que não existia por ali. Mas também pode ser que, como meu irmão, eu acabasse passando a vida inteira na região. Um fato, no entanto, foi decisivo para mudar minha trajetória.

Quando eu tinha quinze anos, meu pai me deu um murro na cara. Caí para trás, de costas no chão, aturdido. Apaguei da memória muitas coisas da infância e da adolescência. O motivo que provocou o soco foi uma delas. Lembro, porém, que estava no quintal, entre a casa e a loja, perto da porta, que fazia sol e o céu estava bem azul. Lembro também da humilhação, da raiva, da mágoa e do sentimento de impotência ao me estatelar no chão depois do murro do meu próprio pai, a pessoa que deveria cuidar de mim, e não me socar na cara. Ele nunca pediu desculpas.

A partir daí, nosso relacionamento azedou. Passamos a discutir e a brigar muito, cada vez mais. Ele nunca voltou a me bater, mas subiu o volume e ampliou a frequência de insultos e o leque de adjetivos com que ofendia a mim e a meu irmão. Nessa fase, era bastante comum meu pai dizer que, além de "um merda que não seria nada na vida", eu também era "burro! Um burro!". Ou: "Um idiota! I-di-o--ta!!". E ainda: "Seu im-be-cil, como você é im-be-cil!!!". Às vezes ele falava tudo isso de uma vez, cada palavra pronunciada com um tom de voz terrivelmente agressivo, raivoso, dilacerante.

Decidi que não ficaria mais em Rinópolis. Seria só uma questão de tempo para me mandar. Dois anos depois do soco, já formado no antigo colegial, atual ensino médio, quando avisei em casa que estava me mudando para estudar na capital, meu pai resistiu. Queria que eu ficasse cuidando da loja com ele. Numa das raríssimas vezes em que me elogiou, talvez a única, disse que eu "levava jeito para o comércio, era bom de vendas". Ele me pediu que ficasse.

Mas aí já era tarde. Aos dezessete anos, saí de casa e, acompanhado de minha mãe, depois de doze horas de viagem de trem, desembarquei em São Paulo para fazer matrícula num cursinho. Meu pai aceitou pagar as mensalidades.

CAPÍTULO 3

O "Maismió"

Quando eu era pequeno, sonhava em ter meu próprio roçado, quem sabe um sítio com plantação, pomar e animais. Já me via acordando antes do sol, me preparando para mais um dia de colheita, pensando em como aumentar a safra. Na adolescência, no entanto, meus horizontes se ampliaram. Inspirado pelas viagens que fazia com meu pai, quis muito ser caminhoneiro.

Aos meus olhos, era uma profissão mágica, romântica, inigualável. Viver conhecendo paisagens e pessoas, o clima de fraternidade nas paradas, música sertaneja no rádio, a sensação diária de liberdade. O que mais alguém poderia querer da vida?

Quando tirei a carteira de motorista, aos dezoito anos, mesmo que tudo já indicasse que eu não iria por esse caminho, fiz questão de obter a habilitação profissional. Com ela, eu podia dirigir caminhões com cargas inflamáveis como os botijões de gás que meu pai transportava. Nas férias que passava em Rinópolis, muitas vezes meu pai ficou em casa enquanto eu dirigia seu caminhão, com enorme prazer, para buscar arroz em Mato Grosso ou botijões de gás em Bauru, no interior paulista.

Ao contrário dos meus colegas de Rinópolis, nunca desejei ser funcionário de banco, carreira muito cobiçada no interior. O sonho dourado da maioria do pessoal era trabalhar numa das quatro agências da cidade — Banco do Brasil, Caixa Econômica Federal, Bradesco e Banco Econômico, primeiro banco privado nacional, fundado em 1834 e quebrado 160 anos depois, na década de 1990.

Pouco tempo antes de me mudar de Rinópolis, por sugestão de meu pai, prestei concurso para a vaga de office boy no Econômico. Dentre cento e tantos candidatos, passei em primeiro lugar, o peito estufado de vaidade. Apesar do orgulho, não conseguia me enxergar trabalhando ali. Abri mão da vaga, nunca a ocupei. Mantive o plano de ir embora de Rinópolis. O sonho dos meus colegas não era o meu sonho..

Mudei de cidade sem saber o que seria na vida, me baseando mais no que não queria do que naquilo que queria. Sangue nunca foi minha praia; portanto, medicina estava fora de cogitação. Meu pai desejava que, depois de ajudá-lo de dia na loja, eu cursasse direito à noite na faculdade de Tupã, cidade vizinha. Advocacia não era má ideia, me imaginei muitas vezes no meu próprio escritório, mas a intuição me dizia que o caminho não era esse. Administração de empresas, outro curso que existia em Tupã, também me atraía, mas sem nenhuma convicção.

Minha mãe nunca me disse que gostaria que eu fosse isso ou aquilo. Ela apenas torcia para que o filho fosse feliz. Eu só queria provar que poderia ser mais do que condição social, situação econômica, geografia, circunstâncias, limitações iniciais e opiniões dos outros pareciam ter decretado para mim.

No começo de 1976, fui morar em Santo André, região metropolitana de São Paulo, na casa dos meus avós, pais da minha mãe. Como todos da família, eram pessoas simples. Minha avó era dona de casa. Meu avô tinha um carrinho no qual vendia sanduíches e frutas na estação de trem de Santo André, em frente à fábrica da Rhodia, uma das maiores indústrias químicas do país. Começava a trabalhar de madrugada, vendendo lanches aos operários que entravam no turno das seis horas.

Passei um ano com eles no bairro do Parque Novo Oratório. Acordava às cinco horas, pegava um ônibus e depois o trem de Santo

André até a estação da Luz, no centro de São Paulo — antes de embarcar no trem, normalmente dava uma parada no carrinho de meu avô, para ajudá-lo um pouco; sempre saía de lá com um lanche de presente. Na Luz, pegava o recém-inaugurado metrô, cheirando a novo, até a estação São Joaquim. Descia então uma ladeira e chegava ao cursinho Anglo, na rua Tamandaré.

Como era bom em matemática, não quis saber das turmas de humanas ou biológicas. Optei por exatas. No início, cogitava prestar vestibular para física, mas, com o tempo, foi ficando claro que meu negócio era engenharia. Mas qual delas? Civil não me seduzia. Química podia ser. Mecânica parecia uma boa opção, uma vez que São Bernardo do Campo, cidade ao lado de onde eu morava, concentra montadoras como Volkswagen e GM. Como cresci em sítio, ser engenheiro agrônomo também me soava bem. Eu ainda demoraria um bom tempo até me decidir.

Para engordar o orçamento, eu ficava no Anglo até as três da tarde, atendendo estudantes no plantão de dúvidas. Também dava aula particular de matemática. Aos sábados e domingos, por quase três anos, corrigiria provas no cursinho. Mais tarde, ainda ganhei dinheiro consertando fogão a gás em São Bernardo, habilidade que adquiri na tentativa e erro, na época em que entregava botijões em domicílio, de bicicleta. Muitas vezes, alguma dona de casa de Rinópolis me pedia que verificasse por que a chama não acendia direito ou a razão de o forno não esquentar como deveria. Também fiquei bom nisso.

Quando chegou a hora de prestar vestibular, eu queria entrar na Universidade de São Paulo (USP) ou no Instituto Tecnológico de Aeronáutica (ITA), a elite da engenharia. Na metade de 1976, no entanto, um pouco para me testar e um pouco para não perder oportunidade, me inscrevi no primeiro vestibular que apareceu na frente, o da antiga Faculdade de Engenharia Industrial (FEI), em São Bernardo do Campo. E passei numa das primeiras colocações.

Se já estava na mão, por que esperar mais seis meses pelos vestibulares mais concorridos? A FEI podia não ter o prestígio da USP ou do ITA, mas era conceituada, e a maioria dos alunos conseguia emprego ao concluir o curso. Sim, havia a desvantagem de ser particular, mas meu pai se dispôs a continuar me ajudando com as mensalidades. Fiz a matrícula.

Aquilo foi um marco, minha conquista pessoal da Lua. Foi uma das raríssimas vezes em que alguém daquela geração da família Poit entrava na universidade — à época, só meu primo Vanderley também passaria no vestibular: geologia, em Cuiabá. Apesar de ser bom em conta e ter letra bonita, meu pai não frequentou a escola. Foi alfabetizado em casa por um professor do interior. Parou de estudar no equivalente à antiga terceira série do primário, atual quarto ano do ensino fundamental. Minha mãe foi mais longe, mas não muito. Meu irmão também não faria faculdade. E agora eu estava lá.

Seis meses depois do início do curso, no começo de 1977, agradeci a hospitalidade dos meus avós e, para ficar mais próximo da FEI, me mudei para São Bernardo. Com cinco colegas, aluguei uma casa no bairro Assunção e formei uma república, na qual morei nos cinco anos de duração do curso de engenharia elétrica. Fui um universitário caxias. Ia a poucas festas, jamais tomei um porre, só faltava às aulas se estivesse doente, estudava muito, fazia meus bicos e depois estudava mais. Quase toda noite a república ficava meio barulhenta e era difícil estudar; então me habituei a dormir depois do telejornal, acordar às três ou quatro da madrugada, horário em que meus amigos tinham acabado de deitar, e me debruçar sobre os livros.

Os dois primeiros anos da faculdade eram básicos. Só no terceiro é que o aluno optava entre mecânica, química, eletrônica e coisa e tal. No cursinho, eu já havia gostado muito das aulas de eletricidade. Tinha facilidade com circuitos, alternância de corrente, capacidade e resistência. Na faculdade, vi que tinha mesmo afinidade com aquilo. Então, no término do segundo ano, decidi me encaminhar para a engenharia elétrica, na qual mais tarde o aluno ainda teria de escolher entre eletrônica e eletrotécnica.

Na segunda metade da década de 1970, num mundo analógico no qual o digital apenas engatinhava, já havia muitos indícios de que a eletrônica seria uma das especialidades do futuro. Mas também aquela era a época do Brasil Grande, com a ditadura militar investindo em obras portentosas. Uma das gigantes nacionais, a usina hidrelétrica de Itaipu, construída em parceria com o Paraguai, estava ficando pronta. Por toda a faculdade, havia cartazes ilustrados com grandes represas para anunciar palestras e cursos extracurriculares. Vira e mexe, palestrantes falavam das oportunidades que existiriam no campo da geração de energia.

Eu me deixei seduzir por aquele cenário. No final do terceiro ano, no momento de fazer minha última escolha no curso, optei por engenharia eletrotécnica, para me aprofundar na produção, captação e distribuição de energia, além de redes elétricas.

Foi também no terceiro ano da faculdade, aos dezenove anos, quase vinte, que consegui meu primeiro estágio, na Aços Villares. Fundada em 1944 em São Caetano do Sul, cidade próxima a São Bernardo, a empresa era uma das maiores produtoras de aço da América Latina. Com um ano de duração, seu programa de estágio era bastante disputado. Junto com alguns estudantes da região, fui aprovado no processo de seleção e destacado para o setor de manutenção da aciaria, na qual o ferro é transformado em aço. Era o coração do negócio.

Apesar de estar progredindo rapidamente, não conseguia me livrar de algumas marcas incômodas do passado. Fiquei arrasado quando descobri que meu apelido entre os colegas estagiários era "Maismió", contração de "mais melhor", uma maneira comum como muita gente do interior opina sobre a alternativa mais apropriada. Eu me policiava muito, não me lembro de ter dito isso, mas devo ter deixado escapar em alguma reunião. Quando o estágio terminou, não fui efetivado.

Por sorte, as empresas da região ficavam sempre de olho nos estudantes da FEI. Quando eu estava no quarto ano, a Peterco, grande fabricante de luminárias, mais tarde absorvida pela Philips, deu início a mais um processo de seleção. Pouco depois de me inscrever, para provar que eu valia a pena, me internei na biblioteca da FEI e destrinchei livros de luminotécnica. Estudei muito e passei em primeiro lugar. Na Peterco, eu me tornaria um ótimo estagiário, muito esforçado, mais conhecido por minha capacidade do que pelo jeito como falava — embora algumas pessoas tirassem sarro porque eu levava marmita para o trabalho.

O programa da Peterco era singular. A empresa recomendava que os novatos decorassem o catálogo, um calhamaço. Era quase uma lavagem cerebral. No dia a dia, era útil, pois não se perdia tempo procurando especificações naquele catatau. Mas também era uma maneira de os estagiários se lembrarem — no futuro, quando fossem ao mercado de trabalho — quais eram os produtos que a empresa tinha a oferecer. Ardiloso, o esquema funcionava. Mesmo muitos anos depois de sair de lá, eu sabia, por exemplo, que as luminárias da rodovia dos Imigrantes eram do tipo X-19 e que as tomadas industriais pertenciam à linha Y-12.

Localizada no bairro de Santo Amaro, em São Paulo, a Peterco ficava a mais de vinte quilômetros de casa. No início, eu ia de ônibus. Mas em 1980, no começo do quinto ano da faculdade, meu pai me deu de presente meu primeiro carro, um Fusca branco 1969. A cidade de São Paulo era um mistério tão grande para mim que, por bastante tempo, fui de São Bernardo a Santo Amaro seguindo o ônibus. Demorei meses para me dar conta de que havia caminho mais fácil, sem as voltas daquele itinerário.

A vida estava se encaminhando, tudo ia muito bem até que, do nada, de uma hora para outra, a Peterco resolveu extinguir o programa de estágio. Demitiu todos os estudantes, com exceção de um deles, Nelson Gonçalves Filho. Além de meu amigo, Nelsinho era filho de um dos sócios da Technique, conhecido escritório de projetos de engenharia. A Technique tinha clientes de peso como o laboratório Ciba-Geigy e a gigante agroindustrial Refinações de Milho, Brasil. Nos seus projetos de instalações elétricas, a Technique sempre especificava e indicava os produtos da Peterco, azeitando a política de boas relações entre as duas empresas.

Apesar de ser o único beneficiado, Nelsinho se sentiu desconfortável com a situação. Ao contar ao pai sobre a demissão em massa, comentou que era uma injustiça que eu, um dos melhores estagiários, também tivesse sido mandado embora. Perguntou se não haveria um lugarzinho para mim na Technique. Sensibilizado, Nelson

Gonçalves, o pai de Nelsinho, me chamou para estagiar no departamento de engenharia elétrica da empresa, localizada numa bela casa do Pacaembu, bairro nobre de São Paulo.

Em junho de 1981, aos 22 anos, me formei na FEI, até então o maior orgulho do meu panteão pessoal de pequenas glórias. Em julho, antes mesmo de pegar o diploma, fui efetivado na Technique. Registrado como engenheiro júnior, virei um profissional de verdade, com carteira assinada e horário de entrada (rigoroso), de almoço (variável) e de saída (teórico).

Não dá para imaginar minha felicidade quando recebi o primeiro holerite com o salário correspondente a cerca de oito salários mínimos de hoje, o piso da categoria à época. Nunca tinha visto tanto dinheiro de uma vez; num único mês, havia acabado de receber uma quantia equivalente a cinco meses como estagiário da Peterco. Era uma fortuna fenomenal para os meus padrões. Porém, mais do que o dinheiro em si, a maior conquista estava no campo simbólico. Aquele contracheque era a prova materializada de que eu tinha atravessado o deserto.

CAPÍTULO 4

Um telegrama inesquecível

Com emprego de verdade, Fusca na garagem, namorada ao lado e dinheiro no bolso, decidi mudar de São Bernardo para São Paulo. Não tinha mais sentido ficar pegando estrada e perdendo um tempão por dia no trajeto entre minha casa e o trabalho. Eu poderia alugar um apartamento só para mim, mas a alternativa nem me passou pela cabeça. Fiel a meu estilo econômico, aos 23 anos fui morar com dois amigos em outra república, agora na Aclimação, bairro de classe média da capital.

É possível que alguém esteja se perguntando: namorada? Como um bicho do mato tímido de doer, magricela e dentuço, que vivia para o trabalho e mal se divertia nos fins de semana, conseguiu a proeza de conquistar alguém?

Conheci Marisa num curso de inglês aos sábados à noite no centro de São Bernardo. Estudávamos na mesma classe. Primogênita da família italiana proprietária da fábrica de móveis Lazzer Pozzan, ela estava no quinto ano de medicina na Universidade de Mogi das Cruzes. Simpatizei com a moça logo de saída, embora já antevendo que minhas chances não eram grande coisa, o popular "muita areia para o meu caminhãozinho". Para minha surpresa, no entanto, começamos a conversar e a nos entender. Quando a pedi em namoro, ela aceitou.

Só nos víamos nas sextas e sábados à noite e nos domingos à tarde. Durante a semana, eu era um dos primeiros a chegar à Technique e um dos últimos a sair. Aos poucos, fui recebendo mais responsabilidades de meu chefe, Roberto dos Santos Rodrigues, pessoa importante na minha vida. Além de meu superior imediato na firma de engenharia, ele se tornaria padrinho das minhas filhas gêmeas e também meu primeiro sócio.

Num tempo em que não havia computador, eu fazia todos os cálculos de instalação elétrica à mão, desenhando em folhas de papel vegetal estendidas na prancheta. Além de revisar e passar a limpo o trabalho de engenheiros mais graduados, criava projetos do zero. Numa fábrica em construção, por exemplo, eu pensava na iluminação, tubulação e tomadas, determinava a quantidade necessária de fiação, bitola de cabos, capacidade dos disjuntores. Desenhava os circuitos de modo que, se houvesse um curto-circuito, a fábrica inteira não apagasse. Serviço completo.

Contando o estágio e a efetivação, durante quase dois anos fui a satisfação em pessoa. Numa conversa de corredor, no entanto, um colega da Technique me deu uma informação valiosa. Naquele tempo, a maioria das empresas não exigia exclusividade; era comum, portanto, que o funcionário de um escritório prestasse serviços ao concorrente. Esse colega então contou que uma construtora chamada Eplanco, com a qual ele colaborava nas horas vagas, estava querendo contratar um profissional para criar e comandar seu departamento de eletro-hidráulica.

A Eplanco era menor do que a Technique, mas estava numa boa fase. Tinha grandes clientes, como Casas Pernambucanas e Bradesco. Além de projetar muitas lojas, também estava começando a surfar na onda do mercado emergente de shoppings e condomínios. Fui lá conversar. O salário oferecido era um pouco maior do que o meu, mas o que me seduziu mesmo foi a oportunidade de chefiar meu próprio departamento.

Em dezembro de 1982, aos 24 anos, pedi demissão da Technique e fui para a Eplanco, localizada no bairro da Bela Vista, na rua Barata Ribeiro, próxima à avenida Paulista. Era a primeira vez na minha vida profissional que promovia uma mudança por escolha própria, e não tangido pelas circunstâncias. Até então inédita para mim, a sensação de ter o controle da situação era gratificante, estimulante, sensacional, boa de verdade. Eu estava no caminho certo.

De fato, o trabalho na Eplanco teve uma influência decisiva no que eu vim a ser, mas por razões que nem imaginava quando entrei lá. Embora visitasse clientes de vez em quando, o trabalho do chefe da eletro-hidráulica consistia em ficar plantado no escritório supervisionando projetos. Na Eplanco, porém, fui muito além disso. Lá, também desenvolvi meu lado comercial e um pouco da veia empreendedora.

Um dos três sócios da firma, Paulo Humberto, responsável pela área de vendas, começou a me levar a reuniões com clientes. Quando ele estava de férias ou não podia comparecer, me mandava no lugar dele. No começo, eu ia só para resolver problemas ou ver se aquilo que o cliente queria era exequível ou não. Mas, com o tempo, fui descobrindo que levava jeito para vendas. Vira e mexe, eu ia tratar de um único projeto e voltava com novos negócios debaixo do braço. Em pouco tempo, essa se tornou a parte do trabalho de que eu mais gostava.

Certa vez, por exemplo, fui a uma reunião no Bradesco para ver detalhes do projeto da agência de Botucatu, no interior de São Paulo, e saí de lá com encomendas para mais duas agências, uma no Paraná e uma no Maranhão. Em outra ocasião, repeti a façanha, mas dessa vez com lojas das Casas Pernambucanas.

O segredo era nunca dizer não. Jamais, naquela época ou no futuro, um cliente me ouviu dizer que não dava. Se questionavam se a gente sabia mesmo fazer alguma coisa difícil, eu respondia com a maior segurança que sim, claro, e já perguntava para quando queria que estivesse pronto. Mais tarde, de volta ao escritório, às vezes descobria que havia carregado nas tintas. Ou não tínhamos gente especializada ou a coisa só daria certo com mais meia dúzia de pessoas. Então eu descobria quem sabia fazer e saía como doido contratando no mercado para cumprir o prazo. E cumpria. Felizes, os clientes nos passavam mais trabalho.

No final de setembro de 1984, aos 26 anos, me casei com Marisa. Fomos morar em um apartamento alugado de dois quartos no Jabaquara, bairro de classe média de São Paulo. Já formada em medicina, ela trabalhava num hospital perto de casa. Para um casal sem filhos, a renda doméstica era acima da média. Os programas de fim de semana, no entanto, eram baratos e as viagens, sempre para perto. Mesmo com dinheiro no banco, eu ainda levaria anos para comprar meu primeiro carro zero, um Chevette financiado.

Aos domingos de manhã, sempre tive o hábito de ler *O Estado de S. Paulo*, o *Estadão*. Na época, minha seção preferida eram os grossos cadernos de classificados de empregos, com centenas de vagas para engenheiros. De tempos em tempos, eu selecionava algumas empresas e mandava currículo para ver a quantas andava meu passe no mercado de trabalho, mais pelo ego do que por qualquer outra coisa. Fui chamado algumas vezes, por bancos ou fábricas, mas sempre declinava.

No primeiro trimestre de 1985, no entanto, vi um anúncio da Refinações de Milho, Brasil, então poderosa indústria de alimentos, dona de marcas famosas como Knorr, Mazola e Hellmann's. Eu admirava a empresa desde os tempos da Technique, quando ajudei a projetar as instalações elétricas da fábrica de Pouso Alegre, em Minas Gerais. Mandei currículo. Quando me chamaram para fazer teste, fui bem e passei. Na fase de entrevista, agradei. Recebi então uma proposta para ser supervisor de manutenção elétrica da fábrica da via Anhanguera, em São Paulo.

Eu estava bem na Eplanco, mas o fato é que a firma não tinha mais o fôlego de antes. Nos dois anos e meio em que fiquei lá, a impressão é de que eles estavam diminuindo o ritmo. A Refinações, por sua vez, era uma potência, umas das principais corporações agroindustriais do país, com milhares de funcionários e faturamento gigantesco. Eu tinha orgulho só da possibilidade de pensar em trabalhar lá. Agora que a chance estava na minha frente, aproveitei. Aceitei a proposta deles, com um salário quase 50% maior do que o meu anterior e, sobretudo, com muitos benefícios.

Quando comuniquei minha decisão a Paulo Humberto e a Henrique, dois dos sócios da Eplanco, deu-se o imponderável. Muito chateados, eles disseram que, com minha saída, o departamento de eletro-hidráulica seria dissolvido. Perguntaram se eu não poderia, nos fins de semana ou nas noites livres, continuar fazendo projetos para eles. Na prática, o que me propunham era terceirizar meu antigo departamento para mim mesmo.

Minha primeira reação foi dizer não, mas pedi um fim de semana para pensar. Certo, eu estava começando um emprego novo, num cargo bacana e promissor, mas o que me impedia de ganhar um dinheiro extra ajudando a quem me deu tantas oportunidades? Fazia aquele trabalho com um pé nas costas, em duas ou três noites era capaz de começar e terminar um projeto de médio porte. Na segunda-feira, disse aos sócios da Eplanco que aceitava a proposta.

Não demorei a perceber que tinha me metido numa enrascada. Como iam falar comigo caso surgisse uma emergência numa obra das Casas Pernambucanas, que continuava como cliente da Eplanco? E se precisassem tirar dúvidas urgentes? Durante o expediente da Refinações, não podia usar meu tempo e o telefone deles para resolver questões que não tinham nada a ver com a empresa. Ligar para a minha casa não adiantava; ninguém ficava lá de dia. O único jeito era achar um lugar em que eu pudesse colocar alguém para atender ligações, anotar nome e telefone e passar os recados.

Aluguei então uma sala minúscula na rua Frei Caneca, perto da avenida Paulista. Contratei minha primeira funcionária, Andréa, mistura de atendente, telefonista e secretária. Ao fazer o acerto de contas na saída da Eplanco, aceitei receber uma parte em móveis. Assim, junto com mesa, cadeira e telefone alugado, Andréa dividia o espaço com três pranchetas e suas respectivas banquetas. A firma não tinha nem nome, informalmente era apenas a empresa do Wilson, onde eu só aparecia à noite.

Na hora do almoço na Refinações, num tempo em que celulares só existiam para a população em filmes de ficção científica, eu corria para não pegar fila no orelhão e ligava para Andréa. Pegava os recados e depois ligava de volta, várias vezes pedindo desculpas pela demora, alegando estar numa reunião ou viagem, enquanto a fila crescia atrás de mim, as pessoas me olhando feio. Eu ficava sem jeito, mas o que podia fazer?

A vida virou uma pauleira. Na Refinações, eu havia sido contratado para substituir um senhor polonês que, depois de 36 anos de empresa, estava perto de se aposentar. Também estava previsto que, com o tempo, eu fosse promovido ao nobre cargo de gerente de manutenção. Mas o fato é que, como quase sempre acontece, o cotidiano numa empresa, por mais que pareça estupendo do lado de fora, não é exatamente como a gente idealiza.

Em quase toda pausa de trabalho, esse senhor polonês aproveitava para dizer que desperdiçou sua vida ficando tanto tempo no mesmo lugar, que sonhou muito e não fez quase nada para ir atrás do que queria, que devia ter acreditado mais no seu potencial e aberto seu próprio negócio. Aquilo falava alto a uma inquietação que eu sentia e ainda não sabia definir e também coincidia com um dos maiores orgulhos do meu pai, o de ter seu próprio negócio, sem precisar responder a um patrão.

Ao mesmo tempo que o polonês se lamentava, o pessoal das Casas Pernambucanas, dentre outras empresas, começou a falar diretamente comigo para novos projetos de instalações elétricas. Chegavam até a perguntar se eu também não queria tocar as obras. Estava ficando evidente que um veio de ouro acenava para mim, uma mina que eu não teria como explorar se continuasse, como se diz no interior, com um pé no barranco e outro na canoa.

Nunca perdi contato com Roberto dos Santos Rodrigues, meu chefe na Technique. De vez em quando, nos encontrávamos para bater papo e trocar impressões do mercado. Por volta de agosto de 1986, durante um jantar, ele me contou que estava saindo do seu emprego, uma notícia interessante para mim, que, ao mesmo tempo, estava ressabiado com a mesmice na Refinações e tentado pelas oportunidades que os ex-clientes da Eplanco, agora meus, me sopravam na orelha.

A conversa estava boa, Roberto e eu sempre nos afinamos, tínhamos visões de mercado parecidas, experiências complementares. De repente, não só me empolguei como tomei coragem de perguntar se ele queria abrir uma empresa de engenharia comigo. Caso aceitasse, eu sairia da Refinações e seríamos sócios, meio a meio, com responsabilidades, proventos e decisões iguais e conjuntas. Roberto aceitou na hora. Apertamos as mãos e selamos o acordo. Rachamos a conta do restaurante.

Na década de 1980, conhecida como a década perdida para os brasileiros, na qual quase todo mundo se deu mal, a decisão de pedir demissão de um cargo promissor num império como a Refinações de Milho, Brasil soava como loucura. Quando comuniquei o que ia fazer, levei uma saraivada de críticas de todos os lados.

Amigos diziam que eu tinha perdido a cabeça, que ia me esborrachar ao saltar no escuro. A maioria dos parentes, à boca pequena, às vezes nem tanto, me tachava de irresponsável. Questionavam como me atrevia a colocar a segurança financeira da família em risco, trocando o certo pelo duvidoso, logo agora que tinha mulher e um bebê de nove meses para sustentar — Vinicius, meu primeiro filho, nascera em janeiro de 1986. Apesar do bombardeio, fiz isso mesmo. Quase dois anos depois de entrar na Refinações, pedi demissão para abrir minha primeira empresa oficial.

Uma das raríssimas pessoas a apoiar a decisão foi meu pai. No início de outubro de 1986, nos meus últimos dias na Refinações, recebi um telegrama. Quem tem menos de quarenta anos nem deve saber o que é isso. Pois era um meio de comunicação para as mensagens mais urgentes, um tipo de cartinha expressa e sucinta, não raro trazendo más notícias, como os telefonemas de madrugada. Na minha mesa, com o senhor polonês ao lado, abri, li e meus olhos se encheram de lágrimas.

Antes que ele achasse que alguém tinha morrido, dei um meio sorriso e lhe entreguei o telegrama. A mensagem dizia: "Felicitamos você. Lutou e venceu. Parabéns, meu filho. Desejamos a você sucesso no novo empreendimento. Seu sucesso nos traz orgulho. Ficamos felizes por sua decisão. Seu pai".

O telegrama está comigo até hoje. Quando olho para ele, me emociono de novo.

CAPÍTULO 5

Quatro tiros n'água

Escolher o nome da primeira empresa não é fácil. Roberto e eu queríamos algo que nos representasse, que simbolizasse nossa especialidade e nossa união. Depois de várias tentativas, decidimos por Engewisa — "Enge" de engenharia, "wi" de Wilson e "sa" de Santos, primeiro sobrenome de Roberto. Mandamos imprimir cartões de visita, os dois identificados como diretores, compramos mais mesas e cadeiras, e demos a largada.

Começamos na salinha apertada, agora superlotada, da rua Frei Caneca, junto com Andréa e as três pranchetas. Às vezes, eu olhava para o lado e mal acreditava que Roberto aceitara ser meu sócio. Cerca de dez anos mais velho do que eu, ele havia sido meu chefe, era bem relacionado e mais experiente, tinha cacife para abrir um negócio sozinho ou se empregar numa bela empresa. Mas, para meu orgulho, preferiu estar ali comigo.

Roberto era o pilar técnico da Engewisa, o atestado de credibilidade e de confiabilidade do escritório. Eu, aos 28 anos, era o pau para toda obra. Como sempre, chegava antes de todo mundo, por volta das seis da manhã, e era o último a apagar as luzes, não raro depois da meia-noite. Fazia cálculos, desenhava projetos de instalações elétricas, supervisionava obras, mas, sobretudo, ia atrás de novos negócios, exercitando meu talento recém-descoberto. Com o tempo, eu me tornaria um grande vendedor.

Como meu pai me ensinou, eu começava cumprimentando com aperto de mão firme, olhava nos olhos, falava sempre com confiança, simpatia e segurança, dando a impressão de que não havia desafio ou problema na Terra que não pudesse resolver. Se eu prometia, podia ter certeza de que a Engewisa entregava. Em pouco tempo, novos clientes foram se somando às Casas Pernambucanas. Não demorou nada para que a salinha apertada se tornasse impraticável.

Alugamos então uma casa na rua Rocha, no bairro da Bela Vista, contratamos mais funcionários, fomos atrás de estagiários, investimos. Compramos duas linhas telefônicas, então artigo de luxo para o qual havia fila de espera e que custava cerca de 2 500 dólares cada. Nosso maior símbolo de status, no entanto, era o PABX, central telefônica naquele tempo chamada de KS, que nos permitia ter ramais, um para cada mesa! Puxa, não faltava mais nada para ficarmos com cara de empresa de verdade.

Minúsculo, pequeno, médio, grande, enorme, qualquer cliente era bem-vindo. Quer uma vitrine de Natal mais caprichada e estilosa? Algo bem pirotécnico e colorido, cheio de luzinhas piscantes? Tá na mão. Vai reformar a loja, ampliar instalações, construir filiais, expandir a rede de agências? Deixe a parte elétrica com a gente. Levantar prédio, erguer condomínio? É nossa especialidade. Está planejando outra fábrica ou investiu numa máquina nova e mais potente que exige redimensionamento de energia? Diga para quando quer.

Apesar de ter pedido demissão da Refinações de Milho, Brasil, mantive boas relações com a diretoria de lá. "A casa estará sempre de portas abertas para você", disseram. E não é que estava mesmo? Houve momentos em que a Refinações chegou a responder por mais de 20% do faturamento da Engewisa. Quando, por exemplo, a empresa comprou a concorrente Kitano, em 1989, decidiu transferir a fábrica de São Bernardo para o Paraná. Na mudança, a parte elétrica ficou sob minha responsabilidade. Para cumprirmos os prazos da fábrica, tivemos de enviar para lá sessenta funcionários da Engewisa para executar o projeto e instalar a fiação da iluminação e os cabos de energia.

A Engewisa progrediu, cresceu rápido, cada vez ficando mais parecida com as firmas maiores. Contratei gerente financeiro, montei departamento de recursos humanos, fui organizando a empresa. Não demorou para que a casa alugada da rua Rocha atingisse lotação máxima. No final de 1988, decidimos mudar de novo, agora para uma sede própria (veja que progresso, nossa sede própria!), casa comprada na rua Ibicuí-Mirim, próxima à estação Jabaquara do metrô.

Pouco antes, Marisa, grávida das gêmeas Camila e Gabriela, e eu também tínhamos trocado de endereço. Para que ela ficasse mais perto da família e economizássemos no aluguel, saímos de São Paulo e nos mudamos para São Bernardo, numa casa na qual ficaríamos por dezoito anos. Roberto morava em Moema, bairro nobre da capital. A nova sede da Engewisa ficava no meio do caminho para os dois.

Seis anos depois do início na salinha abarrotada, chegamos a cem funcionários. Ganhamos dinheiro. É meio incerto transpor quantias da hiperinflacionária década de 1980 para as referências de hoje, mas estimo que, em valores atualizados, a receita da Engewisa tenha encostado em algo como 50 mil dólares por mês, com cerca de 30% de lucro. Isso significava uma retirada mensal para cada sócio em torno de 7500 dólares, mais do que o suficiente para dar conforto e segurança à minha esposa e aos nossos três filhos pequenos — Camila e Gabriela nasceram em junho de 1989, quando Vinicius tinha três anos.

Apesar de trabalharmos bem juntos, com o tempo Roberto e eu fomos ficando desalinhados em termos de objetivos, algo até natural em vista da nossa diferença de idade. Ele dava sinais de estar satisfeito com o desempenho da empresa; eu achava que era pouco. Para crescer mais, eu trabalhava como louco. Durante bons meses, passei a noite viajando de ônibus para a cidade catarinense de Fraiburgo, onde cuidava da parte elétrica do centro de processamento de dados que a IBM estava construindo por lá. Além desse empreendimento, coordenei também as instalações de CPDs no interior de

São Paulo e no Rio de Janeiro, sempre chegando de manhã bem cedo nas cidades e voltando para casa no mesmo dia, para não gastar em pernoites.

Com o passar do tempo, fui ficando com vontade de comprar a parte do Roberto e partir para voos mais altos. Queria falar com ele, mas não tinha coragem. Sempre detestei conflitos e confrontos. Eu ainda ensaiaria por anos até conseguir me abrir e propor ao Roberto a aquisição da sociedade. Para meu alívio, ele aceitou. Combinamos as condições de pagamento, assinamos a papelada e passei então a ser o único dono da Engewisa, logo rebatizada para Poit Engenharia.

Se já me dedicava muito, passei a trabalhar ainda mais, acompanhando de perto o desempenho dos meus mais de cem funcionários. Quando viajava para cuidar de obras em outras cidades, telefonava várias vezes por dia, sempre de orelhão, para perguntar como estavam as coisas. Ainda arranjava tempo para conseguir mais clientes. Mantendo a toada, em dois anos o faturamento da empresa quase dobrou, deixando evidente que, àquela altura da vida, eu tinha aprendido a gerenciar sozinho um negócio.

Mesmo com tudo andando para a frente, eu vivia inquieto, dentro de mim havia alguma coisa que eu não sabia o que era. Como quando minha mãe me punha na cama do sítio de Rinópolis, eu queria algo que a firma de engenharia não me dava. Sim, pode-se dizer que, com 36 anos, eu tinha muito mais do que o menino de Rinópolis podia almejar, família com saúde, dinheiro no banco, carro novo na garagem, pescaria nas férias, empresa promissora. A lacuna, porém, estava ali e eu realmente não sabia o que podia ser, embora intuísse que envolvesse outras possibilidades de negócio ou a vontade de me provar numa escala diferente.

Por isso, para preencher essa lacuna, eu vivia testando novas frentes. Ainda na fase da Engewisa, abri, em sociedade com Roberto, uma loja de material de construção chamada Construwisa, localizada na praça Catorze Bis, no bairro da Bela Vista. A ideia era boa. A gente costumava fazer muita obra de madrugada e nos fins de semana. Vira e mexe, acabava o material, como fio e fita isolante, e não havia onde comprar àquela hora. O plano então era que a loja funcionasse como nosso estoque de emergência durante a noite e, de dia, atendesse o público da região.

Foi um fiasco. A loja nunca deu lucro. O ponto não era bom, o controle de estoque era uma zona, o pessoal vivia se desencontrando. Eu passava mais raiva ali do que qualquer outra coisa. Nem para vender deu certo. Ninguém quis comprar o pacote completo. Tivemos de repassar tudo picado, o estoque para um, prateleiras para outro, a caixa registradora para sei lá quem. Em resumo, a loja foi meu primeiro desastre como empreendedor.

Ao desistir do negócio, lembrei-me de meu pai, que na minha juventude sempre dizia que "prejuízo na hora certa é lucro". Quando ele falava isso, eu não entendia. Só agora eu percebia a sabedoria da expressão. Se continuar insistindo em algo que tudo indica que dará errado, o buraco só tende a aumentar. Mas, caso você se renda às evidências de que não vai funcionar jamais, é mais sábio perder um pouco de dinheiro do que uma fortuna. Por essa e outras, aos poucos eu ia me reconciliando emocionalmente com meu pai, relevando o passado e lhe dando crédito no presente.

Depois da loja, sem sócios, tive uma transportadora na Vila Maria, na zona norte de São Paulo, especializada em carregar cabos de cobre. Chamava-se TWI — "T" de transporte e "WI" de Wilson. Para administrá-la, convidei um primo do interior, o Marcelo, que mais tarde também trabalharia na Poit Energia. Eu não tinha um único caminhão, mas sabia, por exemplo, que uma empresa precisava da fiação de telefonia na nova fábrica. Contratava então alguém para executar o serviço. Ou seja, o que eu fazia era cobrar um preço maior da empresa pelo transporte e pagar um preço menor ao dono do caminhão para levar os cabos até lá. A diferença era minha.

Pela segunda vez, acabei me dando mal. Pesquisei o mercado como meu nariz, superestimei meus contatos, perdi um tempo absurdo fazendo telefonemas que deram em nada ou quase nada. Mesmo quando dava certo, dava errado. O lucro era ínfimo, mal pagava a conta do telefone. E o pior de tudo: descobri tarde demais que ninguém fazia seguro de transporte. Se a carga fosse roubada, eu teria de vender até as calças para cobrir o prejuízo. Depois de pouco tempo, encerrei as atividades da TWI, empresa que só me deu trabalho e frustração. Foi mais um aprendizado.

Quando ia visitar meus pais em Rinópolis, enquanto conversávamos na sala, de vez em quando se ouviam palmas no portão. "É o corretor que chamei", esclarecia meu pai, que vivia insistindo para comprarmos um sítio. Bem, ter sítio ou fazenda também era meu sonho de criança. O resultado é que, mais por prazer pessoal e vontade de agradar ao meu pai, comprei dois sítios, o Xapuri, com quarenta alqueires e 150 cabeças de gado, e o Pantanal — batizado em homenagem ao lugar em que eu mais gostava de pescar —, com quatrocentos pés de manga háden. Empolgado com minhas empresas rurais, fiz um curso por correspondência no Instituto Agronômico de Campinas sobre aumento da produtividade na reprodução bovina e separei uma boa quantia para investir.

Como eu tinha de me dedicar à Poit Engenharia, meu pai é quem administrava os dois sítios, deixando a gerência do mercado da família a encargo de meu irmão. Eu só mandava dinheiro para seu Wilford fazer benfeitorias do jeito dele. Nenhuma das minhas sugestões era acatada, fosse de administração do negócio, busca de eficiência, maneiras mais racionais de fazer as coisas. Na prática, meu pai mandava nos sítios.

Com o tempo, aprendi que aquilo não tinha futuro. O nó da questão nem estava na gestão do meu pai, e sim na natureza da coisa. Para ter lucro de verdade, era preciso ser muito maior, ter mais de mil cabeças de gado ou pés de manga. Era preciso ter escala, grandeza na qual o negócio se replica e se multiplica até atingir grandes proporções, de preferência sem depender do dono. Ali seria impossível.

Quando a idade chegou, meu pai perdeu o ímpeto e o interesse em gado e mangas. Como eu também precisava de capital para investir em outro negócio, me desfiz dos sítios. No fim das contas, meu sonho do sítio empatou, não perdi nem lucrei. Não foi uma esparrela como a loja, mas também não se pode dizer que me dei bem.

O resumo da ópera é que o tempo foi passando e, aos 38 anos, eu tinha uma empresa de engenharia bem-sucedida que não me realizava e quatro tentativas de novos negócios que deram em nada, variando entre o mais ou menos e o desastre, por inexperiência, erro de cálculo ou desconhecimento das exigências e manhas dos mercados em que me arrisquei. A lacuna, profissional e existencial, continuava ali.

CAPÍTULO 6

"Parabéns, você fez tudo errado"

Um único pensamento começou a mudar tudo, duas frases interligadas, palavras triviais, comuns, corriqueiras, que a toda hora passam pela cabeça de muita gente: "Putz, mas que porcaria de serviço! Eu consigo fazer muito melhor do que isso".

A história desse pensamento, no meu caso, também tem uma origem banal, relacionada a uma simples instalação elétrica para um cliente. Olha como são as coisas.

Fundada em 1985 por três irmãos no quilômetro 28 da via Anchieta, o Ilha de Capri foi a casa noturna mais badalada de São Bernardo (o lugar existe até hoje, agora especializado em festas e eventos). Como os irmãos também eram donos de motéis na mesma rodovia, o pessoal brincava que eles ofereciam o pacote completo: a danceteria para formar casais e, quase ali do lado, os quartos para a moçada se conhecer melhor.

Em 1995, Carlos, um dos sócios, quis fazer algumas mudanças para deixar a casa mais segura. Um amigo do amigo do amigo, um arquiteto que me conheceu quando trabalhamos numa reforma da sauna do hotel Maksoud Plaza, em São Paulo, me indicou para refazer a parte elétrica. Fui a São Bernardo, troquei a fiação, aumentei a potência dos disjuntores, melhorei o sistema de luzes. Também fiz a instalação de um gerador de emergência que Carlos comprou para a danceteria. Deixei o Ilha de Capri nos trinques, como se dizia à época.

Mais ou menos um ano depois da reforma, lá pelo começo de 1996, Carlos me ligou, animado por ter dado uma grande tacada. Com o show previsto para dali a dois meses, ele acabara de acertar a contratação do Double You, banda italiana que cantava em inglês e que fez um sucesso estrondoso no Brasil com sua versão dançante de "Please, Don't Go", do KC and the Sunshine Band.

Aproveitando o ensejo, Carlos teve a ideia de criar um espaço ao ar livre, no vasto estacionamento da danceteria, prontamente batizado de Palco da Represa. Ele então me contratou para cuidar da parte elétrica, iluminação, cabos, holofotes, a parafernália toda para inaugurar o lugar, incluindo a parte hidráulica e a instalação dos banheiros.

Motivado por uma exigência contratual com o produtor, Carlos ainda me pediu:

— Wilson, para a gente não passar vergonha, arranja também um gerador. Já pensou se acaba a luz logo na grande noite? Como é um show, acha o mais silencioso que der.

Como sempre, respondi: "Claro, não se preocupe, pode deixar comigo". Mas eu lá sabia onde arranjar um gerador? No dia seguinte, pedi ajuda aos funcionários da Poit Engenharia para encontrar o bicho. O gerador em questão não era daqueles pequenos que cabem no porta-malas de um carro, do tamanho de um ou dois botijões de gás deitados. Era um trambolho alto como um portão de garagem, um contêiner que só caminhões conseguiam transportar.

Esse grande gerador ficaria atrás do palco, de prontidão para ser acionado caso faltasse energia. Devia ser potente, para segurar sozinho o abastecimento de eletricidade. E silencioso, como Carlos pedira.

Ainda não havia internet. A solução era recorrer a indicações ou às *Páginas amarelas*, antigo catálogo telefônico de empresas com milhares de páginas. O pessoal da Poit e eu falamos com dezenas de conhecidos atrás de dicas e telefonamos para todas as empresas de

São Paulo que alugavam geradores. Ou os caras não podiam na data marcada ou então seus equipamentos faziam uma barulheira infernal, pareciam caminhões retirando caçamba de obra na madrugada.

Até que, finalmente, Paulo Pereira, um rapaz na faixa dos vinte anos que veio de Rinópolis para trabalhar comigo por indicação de meu pai, conseguiu um gerador aceitável. Dois dias antes do show, com a iluminação montada, com tudo preparado para o espetáculo, o gerador chegou. O motorista estacionou o caminhão atrás do palco. Apontou o equipamento em cima do transporte, como se dissesse "pronto, está na mão", mostrou onde ficava o tanque do diesel e o botão de ligar, e voltou para a cabine do caminhão, como se não tivesse nada a ver com aquilo. Mais tarde, eu descobriria que aquela atitude não era um caso isolado; quase todo o mercado operava assim.

Por si só, a aparência do gerador era desanimadora: uma coisa suja, ensebada, oleosa. Ainda levei um tempo para perceber que faltava alguma coisa. Sabe quando alguém compra um aparelho eletrônico e descobre que não tem adaptador de tomada ou o cabo certo? Pois é, aconteceu algo parecido. Foi frustrante. Não havia diesel reserva, caso precisássemos usar. Se o combustível acabasse durante o show, não haveria o que fazer. Para não correr o risco, precisei buscar diesel no posto mais próximo. O cabo do gerador não chegava até o palco; sem extensão e conector apropriado, não serviria para nada. Tive de providenciar. A mensagem geral soava como "conformem-se, virem-se ou danem-se". O conjunto da obra era praticamente um monumento ao atendimento meia-boca.

Foi aí que pensei: "Putz, mas que porcaria de serviço! Eu consigo fazer muito melhor do que isso".

O show do Double You foi um sucesso, o estacionamento ficou lotado, gente saindo pelo ladrão, todo mundo feliz. Não faltou energia. Em consequência, o dono do gerador recebeu seu dinheiro sem nem ligar a máquina, ganhando o preço cheio (e alto) com gasto zero.

"Puxa, esse negócio é bom", foi outra coisa que pensei na sequência.

E se eu também alugasse geradores? Fiquei com essa pergunta

na cabeça durante quase um ano inteiro. Vira e mexe, submetia a conjectura a amigos, colegas, funcionários, conhecidos, parentes. Assim como quando pedi demissão da Refinações para criar a Engewisa em sociedade com Roberto, a maioria dizia que eu só podia ter perdido o juízo.

As pessoas batiam com força. Falavam que eu não sabia, mas já havia muita gente fazendo isso, que eu queria ir para o milharal enquanto eles voltavam com a pamonha. Que só uma besta pensaria em perder tempo com gerador quando tinha na mão uma sólida empresa de engenharia. Que eu já tinha quebrado a cara o suficiente com negócios esdrúxulos para inventar mais um. Que um homem de 37 anos não tinha mais idade para aventuras.

Todo mundo tem ideias o tempo todo. Por mais que sejam boas e empolgantes, caso não coloque logo a mão na massa, a tendência é que esfriem e sejam esquecidas. Normal. Isso evita que ideias ruins que pareciam ótimas não vejam a luz do dia. Mas também faz com que ideias boas, que poderiam se mostrar excelentes, continuem na sombra. A questão é que, para descobrir qual é qual, não dá para ficar em cima do muro. Ou faz ou não faz. Nas palestras, costumo dizer que a diferença entre o louco e o empreendedor é que o empreendedor convence os outros da sua loucura.

Em outubro de 1996, quando completei 38 anos, acompanhado de um primo e do meu filho Vinicius, então com dez anos, fui ao Salão do Automóvel, em São Paulo. Só queria ver as novidades, os carrões estrangeiros que ainda levariam um tempão para chegar ao mercado brasileiro. Andando para cá e para lá, esbarrei no estande da Kia, montadora coreana que naquele ano estreava no salão. Além de utilitários como a Besta, a companhia estava trazendo ao país pequenos caminhões como o Bongo e o K 3600.

A essa altura, a ideia de trabalhar com aluguel de geradores estava no limbo. Não tinha desaparecido, mas também não estava presente o tempo todo. Ia e vinha, às vezes soando como ideia estapafúrdia, às vezes como possibilidade viável. Mas então, de repente, me vi diante de um caminhãozinho do tamanho ideal para acomodar um gerador. A fagulha reacendeu com força.

Fui com a cara do K 3600. Aprendi que aguentava quatro toneladas de carga, ao passo que um gerador como o do show do Double You pesava entre duas e três. O modelo 1995 custava 29 mil dólares na época em que um dólar estava cotado a 1,18 real, com 5 mil de entrada e 24 parcelas iguais de mil dólares mensais, sem juros. Aquilo cabia no bolso e ainda dava para fazer leasing. No próprio estande da Kia, preenchi o cadastro do banco. Recebi a informação de que em breve o banco entraria em contato, me despedi e continuei passeando no Salão do Automóvel.

Tinha quase esquecido daquilo quando, quase um mês depois, o gerente do banco me ligou dizendo que o cadastro havia sido aprovado. Era só assinar o contrato, depositar a entrada e passar na revendedora para retirar meu caminhãozinho. E agora, ir ou não ir? Bem, se não fosse naquele momento, talvez não fosse nunca mais. Mais por impulso do que por convicção, assinei o contrato.

Não é fácil chegar em casa e contar à esposa que você comprou um caminhão. Não é bem o tipo de notícia que a família de um engenheiro esteja habituada a receber. Até as crianças se espantaram. Qual o sentido disso, para que esse bagulho, onde vai guardar? — essas foram as primeiras de uma série de perguntas para as quais eu ainda não tinha respostas convincentes.

Bem, agora que tinha o caminhão, não havia como fugir do gerador. Pesquisei fabricantes, conversei com revendedores, fiquei na dúvida entre uma máquina nova ou uma usada. Acabei me decidindo por um da marca Leon Heimer, fabricante do Recife, com potência de 180 kVA, que segurava mais de seis horas de show e ainda sobrava. Era mais caro do que eu imaginava, quase o dobro do caminhão, mas tudo bem, coragem, vamos lá. Por cerca de 40 mil dólares, com entrada baixa e parcelas a perder de vista, encomendei um novinho, com motor italiano importado da Iveco.

Nem eu sei definir meu estado de espírito à época. Por eliminação, sei que não estava apreensivo ou ansioso. Não estava eufórico, achando que era a chance da minha vida. Creio que estava apenas curioso, testando, como no momento em que apostei na firma de engenharia, na transportadora, na loja e nos sítios. Era mais um negócio no qual investiria para ver no que ia dar. Eu continuava procurando o que sempre quis, sem saber o que era, num lugar diferente. Para mim, era mais uma tentativa, executada do melhor jeito possível, nada além disso.

Mais uma vez, poucos aprovaram minhas decisões. Assim que, naqueles idos de 1996, contei a um amigo minhas recentes aquisições, ele foi enfático, carregando na tinta da ironia:

— Parabéns, você conseguiu fazer tudo errado. Comprou um caminhão coreano, sem fábrica e sem muita assistência técnica por aqui, enquanto o mercado nacional está cheio de concessionárias da Mercedes e da Volkswagen. Depois fez outra besteira ao comprar um gerador com motor importado, para o qual também é difícil encontrar peça de reposição. Com um início desastrado desse, se o negócio der certo, só se for por milagre.

CAPÍTULO 7

Como nasce uma empresa

Seria maravilhoso dizer que tive uma largada estupenda, mas o fato é que, durante muitos meses, nem saí do lugar. Além de ser enrolado pelo fabricante, ainda planejei mal. O caminhãozinho chegou em janeiro de 1997, mas o gerador só seria entregue tempos depois, algo entre agosto e outubro. Passei tanta raiva que apaguei da memória a data certa, como costumo fazer com coisas desagradáveis do passado.

Perdi um tempão com bateladas de telefonemas, pressionei o fornecedor ao vivo mais de uma vez, colecionei uma série de embromações, desculpas esfarrapadas e promessas não cumpridas. Enquanto o equipamento não vinha, o caminhão continuava sem utilidade.

Quando o gerador finalmente deu o ar da graça, descobri que eu tinha comido bola. Não era só colocar o equipamento em cima do caminhão e sair por aí. Era imprescindível fazer adaptações na caçamba, modificações de segurança para que o trambolho não saísse voando na primeira curva. Foi cuidando disso que completei 39 anos.

Estava meio em cima da hora, mas talvez ainda desse tempo de alugar o gerador para alguma festa de fim de ano. Do jeito mais amador possível, liguei para todo mundo que eu conhecia e, de novo, nada. Era claro que eu estava errando em alguma coisa: timing, abordagem, falta de método, ausência de profissionalismo... ou tudo isso, talvez.

Revisei o plano de voo. Alugar gerador fazia o maior sentido para mim. O Brasil entrara de vez no roteiro internacional de shows. Casas de espetáculos faziam muito sucesso. Danceterias lotavam com atrações musicais. Parques promoviam apresentações gratuitas de fim de semana, não raro adentrando a noite. Casamentos e aniversários de quinze anos contratavam bandas para animar a festa. Ninguém ia querer ficar no escuro na melhor parte da brincadeira. Então esta era a meta: alugar gerador para shows e eventos.

Jogando no lado fraco do adversário, não seria eu a prestar uma droga de serviço como o da firma que chamei para o show do Double You. A diferença já começaria na aparência. Em vez de uma máquina gordurenta, a minha brilharia de tão limpa. O tanque do diesel já iria cheio, com estoque de reserva, e cabos e conectores instalados, para nenhum cliente ter de se preocupar com isso.

Por fim, o motorista não cruzaria os braços. Ficaria pronto para operar o gerador em caso de necessidade. Em resumo, eu ofereceria serviço completo. Na minha cabeça de engenheiro, não chamei isso de aluguel de gerador, mas de locação de infraestrutura temporária de energia. Outros diriam, como era comum à época, que eu estava agregando valor à commodity.

A empresa do Double You tinha cobrado algo como mil reais por dia. Já que eu iria fazer o que ninguém sabia ou tinha vontade de fazer, eu podia cobrar 50% a mais, ou 1500 por diária do gerador, ao oferecer o pacote completo, três em um: instalação, operação e manutenção, em vez das peças separadas. Se uma empresa de eventos locasse meu gerador no fim de semana inteiro, já seriam 3 mil a mais no caixa por apenas dois dias de trabalho. Ou seja, na teoria, eu precisaria de uns treze fins de semana, ou três meses e meio, para recuperar o dinheiro investido no gerador. Com o tempo, aprenderia o óbvio, que contas e planos baseados num mundo ideal não sobrevivem na realidade. Taxa de ocupação de 100% é raridade, que só ocorre em situações muito específicas.

Nos primeiros dias de 1998, pedi aos mais de cem funcionários da Poit Engenharia para espalhar aos amigos, familiares, vizinhos e conhecidos que agora também alugávamos geradores. No computador, escrevi um texto para apresentar o novo serviço de locação e imprimi. Depois mandei dezenas, talvez centenas de fax (o avô do e-mail), para todas as empresas das *Páginas amarelas* que trabalhavam com eventos em São Paulo e arredores.

Também visitei muitos dos meus futuros concorrentes, de todos os tamanhos. Aquele era um mercado minúsculo, com, no máximo, uma dúzia de empresas que alugavam geradores. Quase todas eram empresas pequenas, com dois, cinco ou dez equipamentos no catálogo. Algumas possuíam vinte ou trinta, e acho que só uma tinha cinquenta ou mais. De qualquer forma, independentemente do porte da companhia, quase todas as máquinas eram barulhentas.

Em cada uma das empresas, eu chegava na maior cara de pau, mas todo humilde, explicando que estava começando na mesma área que eles e que não entendia nada de nada, o que era verdade. Falava que se, por acaso, não pudessem fazer algum serviço devido à agenda cheia ou qualquer outro motivo, que eles, por favor, me indicassem. Durante muito tempo, essa tática me rendeu vários negócios. O manancial só secou quando os concorrentes perceberam que eu estava crescendo rápido demais.

Mas voltando: depois de mandar os fax para casas noturnas e promotores de eventos, quase dois meses se passaram sem sequer uma ligação, o caminhão e o gerador parados, só tomando poeira. E esta foi outra bobagem que fiz: comprei o caminhão sem ter onde guardar. Estacionei algumas vezes na rua da minha empresa, mas ela era muito estreita. Eu tinha de parar com duas rodas na calçada, atrapalhando trânsito, pedestres e vizinhos. Pedi então ao fabricante do gerador, a Leon Heimer, para deixar o veículo estacionado numa filial que eles tinham no bairro do Jaguaré. Era lá que o caminhão e o gerador estavam encostados.

Até que, lá pelo final de fevereiro ou março de 1998, o telefone tocou na Poit Engenharia. Do outro lado da linha, estava um funcionário da fábrica de embalagens Dixie Toga, depois comprada pela americana Bemis, querendo alugar um gerador. Indústria? Isso não estava no plano de voo original, mas tudo bem, é impossível prever tudo e eu não seria louco de decepcionar o primeiro cliente que aparecia.

O caminhãozinho, com o gerador em cima, passou quinze dias alimentando uma máquina recém-importada na fábrica da Dixie Toga na rodovia Castelo Branco. Essa máquina não se deu bem com a inevitável oscilação da energia gerada no país e precisou de um gerador para estabilizar e funcionar direito. Quando o contrato venceu e eu ia mandar retirar meu equipamento, pediram mais quinze dias de prorrogação.

O resultado é que o primeiro cliente passou um mês inteiro com o gerador. Mas aquilo era excelente! Imaginei que ia locar o equipamento só em fins de semanas para eventos, faturando cerca de 3 mil reais por locação, e agora estava recebendo, numa tacada só, muito mais de um único cliente. Embora tenha errado no santo, acertei no milagre. Meu pressentimento estava certo. Aquilo podia ser mesmo um bom negócio.

Não muito depois, num sábado à tarde, um gerente da Editora Abril ligou para a minha casa requisitando um gerador com urgência. Havia chance de faltar energia na gráfica no dia seguinte, enquanto ainda estavam imprimindo a revista *Veja*, carro-chefe da empresa. Peguei o caminhão e fui dirigindo sozinho até a gráfica da Abril, na marginal Tietê. Acionei o equipamento e depois o deixei aos cuidados de um técnico meu, que foi para lá de táxi — evento raro, pois, para economizar, recomendava aos funcionários que só andassem de ônibus. A luz não acabou e eu ganhei dinheiro sem ligar o gerador.

Seja por recomendação ou pelos fax enviados, os clientes começaram a bater na minha porta. Todo dia eu recebia um ou dois telefonemas. Foi uma das raras vezes na vida em que eu disse que não podia, alegando que todos os equipamentos — na verdade, o único que eu tinha — estavam ocupados. Decidi comprar mais um caminhão e mais um gerador, novamente parcelando ao máximo e estendendo o pagamento ao infinito.

Com meu poder de fogo duplicado, até o final de 1998 eu faria festas, aniversários, casamentos, rodeios no interior, gravação de capítulos de novela e um show no parque Ibirapuera. Os telefonemas se multiplicavam. Comprei mais um caminhão e um gerador, triplicando a capacidade inicial.

Durante quase um ano e meio, o negócio funcionou sem uma identidade própria. As notas fiscais eram emitidas em nome da Poit Engenharia. Decidi então que tinha chegado a hora de formalizar a empresa. Assim, em julho de 1999, nasceu no papel a Poit Energia, no mesmo endereço da Poit Engenharia, mas com razão social diferente.

Eu ainda passaria mais quase um ano me dividindo entre o escritório de engenharia e a locação de geradores, cada vez mais envolvendo os funcionários no cotidiano do novo negócio. Eles gostavam daquilo. Não raro, ganhavam ingressos para os eventos de que a gente participava, cada vez maiores e mais interessantes. Faríamos, por exemplo, show do U2 na praia de Copacabana e corrida de Fórmula 1 em Interlagos. Havia colaboradores que chegavam a brigar para trabalhar nessas ocasiões.

Ainda em outubro de 1998, data em que eu faria quarenta anos, a Rede Globo me deu de presente um trabalho importante. Foi meu gerador que abasteceu as filmagens da minissérie *O auto da Compadecida*, baseada na obra do escritor Ariano Suassuna. Só isso, como se verá, merece um capítulo à parte. Com o tempo, a Poit Energia também garantiria as exibições de vários especiais de fim de ano com Roberto Carlos e muitas apresentações do *Criança Esperança*, além de treze edições do *Big Brother Brasil*.

A partir daí, o negócio deslancharia, com os pedidos crescendo mês a mês. Para comprar mais caminhões e geradores, foi nessa época que vendi os dois sítios de Rinópolis, encerrando minha malfadada carreira de produtor rural. Exigente no controle de qualidade das gravações, o pessoal da Globo às vezes comentava que os geradores faziam mais barulho do que deveriam. Eles precisavam ser mais silenciosos. Não sabia como resolver aquilo e tinha receio de que algum rival descobrisse antes de mim. Se isso ocorresse, a fonte poderia começar a secar.

Num bate-papo despretensioso com um concorrente, ele perguntou se eu iria à Showbiz.

— Que é isso?

— A maior feira do mundo para a indústria do entretenimento, tem tudo para cinema e TV, inclusive geradores. É agora em novembro nos Estados Unidos, em Los Angeles.

Foi minha primeira viagem de negócios ao exterior, eu desconfiava de voos longos, tinha a impressão de que não ia me dar bem com aquilo. Também não falava inglês — não concluí o curso noturno em São Bernardo. Mas achei que valia a pena. Se eu estava trabalhando com gerador, era obrigação fazer a lição de casa e explorar o que havia de mais avançado no mercado internacional. Comprei a passagem.

Passei três dias zanzando no Los Angeles Convention Center, que abrigava a gigantesca Showbiz. Não comprei nenhum gerador, mas tirei várias fotos, peguei quilos de folhetos, esquadrinhei os modelos mais bonitos, observei detalhes de cada coisa que me pareceu interessante, perguntei pra caramba nos estandes, embora algum concorrente brasileiro quase sempre precisasse me explicar o que o vendedor tinha dito.

A única coisa que comprei foi uma boa quantidade de um tipo de conector de cabos que eu nunca tinha visto, conhecido como *cam-locks*, mais fácil e mais rápido de encaixar e também mais difícil de soltar à toa. De volta ao Brasil, separei os folhetos mais relevantes e, com eles, bati à porta de fornecedores, pedindo que fizessem adaptações nos produtos.

Ao fabricante de geradores, solicitei uma mudança no interior do contêiner e o acréscimo de mais uma camada de revestimento para abafar o som do motor, que também ganhou um silenciador, cujo princípio é o mesmo do cano de escapamento dos carros. Ficou mesmo bem mais silencioso.

Numa empresa de equipamentos elétricos, perguntei se eles conseguiam copiar aquele conector esperto. Por fim, convenci outro fabricante a produzir o que os americanos chamam de *cable guard* — peças emborrachadas, de vários formatos, planas ou abauladas, para esconder cabos. Também pedi que escrevessem "Poit Energia" em tudo. A clientela aprovou as novidades.

A cada dia ficava mais claro que alugar geradores era um negócio mais promissor do que um escritório de engenharia como o meu. Na prática, já fazia cerca de um ano que eu me dedicava muito mais aos geradores do que a projetos de instalações elétricas. A Poit Engenharia estava morrendo de morte natural. Não havia mais sentido em ter duas empresas.

Em 2000, passei a me dedicar exclusivamente à Poit Energia — embora já existisse no papel desde julho de 1999, passei a considerar essa data como a oficial de criação da empresa, o momento em que toda a minha atenção se voltou para um único alvo.

No processo de migração do escritório de instalações elétricas para a empresa de locação de energia, que levaria uns dois anos de ponta a ponta, vários engenheiros e eletricistas foram saindo. De cem empregados, fiquei com cerca de setenta. Na hora em que o aluguel de geradores passou a ser meu único negócio, pouquíssimos pediram demissão. Com uma baixa aqui e outra ali, os funcionários do financeiro, do administrativo, do comercial e do RH foram oficialmente deslocados para a Poit Energia. E ainda contratei motoristas de caminhão, carregadores de cabo, técnicos de manutenção.

Para guardar o número crescente de caminhões e geradores, aluguei um galpão na rua do Cursino, na zona sul de São Paulo. Quebrou o galho, mas não era o ideal, uma vez que o quartel-general da empresa continuava na estreita rua Ibicuí-Mirim. Comecei então a procurar um lugar que acomodasse todo mundo, pessoas e máquinas. Levei meses para encontrá-lo.

Foi assim que a Poit Energia acabou se mudando para uma sede comprada na rua Solimões, em Diadema, no bairro do Campanário, uma região com fama de perigosa, mas uma das poucas que o dinheiro da época conseguia pagar. Era um galpão grande, com muitas salas no mezanino, terreno espaçoso e estacionamento. Mandei pintar o muro baixo e a fachada da nova sede da Poit Energia de azul e branco. Ficou bonito.

De certo ângulo, dava para ver, em primeiro plano, a frente do galpão e, ao fundo, os caminhões brancos e os geradores, todos com o nome da empresa escrito na lateral, numerados e também pintados de azul e branco. Eram as mesmas cores com as quais meu pai pintara a loja dele em Rinópolis, pequena homenagem que só ele e eu entendíamos.

CAPÍTULO 8

Erros, vacilos e deslizes

Este capítulo poderia ter o bonito título de "Como se forja uma empresa vitoriosa", no qual se elencariam princípios, diretrizes e valores que desde os primórdios nortearam a conduta, os direitos e deveres da Poit Energia e seus colaboradores. Mas seria uma balela. Esse edificante manual e suas eventuais diretivas simplesmente não existiram nos primeiros tempos da companhia.

As duas únicas coordenadas que me impulsionaram foram: tentar prestar o melhor serviço imaginável e fazer a coisa toda da maneira mais correta possível. Os demais pilares foram sendo elaborados na raça, tentativa e erro, derrapando muito e aprendendo a corrigir o rumo conforme a nau avançava.

Chega a ser impressionante a quantidade de erros, vaciladas e deslizes — sendo que o termo mais preciso, porém deselegante, seria cagadas — que ocorriam no dia a dia da Poit Energia. Muitas coisas eu só vim a descobrir anos depois de vender a companhia, como no dia em que um técnico contou da ocasião em que pisamos na bola ao atender um chamado de emergência da Petrobras na Ilha do Governador, no Rio de Janeiro.

O pessoal da Petrobras ligou desesperado. Despachei o gerador na hora. Em prazo recorde, meu caminhão rodou os 450 quilômetros que separam São Paulo e Rio, pegou a balsa para a ilha e estacionou de maneira triunfante no lugar certo. Foi aí que se descobriu que, na pressa, ninguém tinha pegado os cabos — e, sem cabo, gerador não serve para nada. Nem quis ouvir direito o final da história. Só sei que meus funcionários se viraram e conseguiram os tais cabos.

Se esse tipo de coisa tivesse ocorrido uma, duas ou três vezes, tudo bem. Mas foram inúmeras situações. Por mais que eu ficasse em cima, vira e mexe o pessoal bobeava de novo com os cabos ou inovava esquecendo a bateria extra do gerador ou de encher o tanque reserva do diesel.

O fato de descobrir essas derrapadas só anos mais tarde não é algo ruim em si. Mais do que disposição de encobrir erro, evidencia o ânimo do funcionário para resolver a parada sozinho, pensando mais na urgência do cliente do que em incomodar o chefe com algo com que ele pode lidar.

Acho isso melhor do que quando algum motorista telefonava para dizer que o caminhão não conseguia entrar na garagem de algum condomínio, que o portão era muito baixo, explicando que "estão faltando poucos centímetros para passar, mas o síndico não deixa quebrar a entrada, não vai ter jeito".

— Pô, esvazia os pneus que dá — eu respondia, quase perdendo a paciência.

Realmente preferia que o pessoal driblasse pequenos e até médios contratempos por iniciativa própria.

Quando, no entanto, a bobagem é muito grande, aí não tem jeito, somente o dono resolve. Um dos princípios que vieram a definir o estilo de trabalhar da Poit e a sustentar a fama de empresa confiável — esse princípio realmente constaria do futuro manual, seja no informal ou no papel — nasceu justamente de uma asneira homérica.

Filmados em outubro de 1998 e exibidos em janeiro de 1999, os quatro capítulos da minissérie *O auto da Compadecida* foram gravados durante um mês em Cabaceiras, no planalto da Borborema, interior da Paraíba. Com 5 mil habitantes, Cabaceiras é uma cidade muito pequena, que mal acomodava a equipe técnica da Rede Globo e atores consagrados como Selton Mello, Matheus Nachtergaele e Lima Duarte.

Para tudo sair bem no vídeo, o pessoal da produção da emissora deu uma maquiada na cidade, reformou casas, pintou fachadas, embelezou até a igreja. Só não conseguiu resolver um problema: a rede elétrica do lugar não dava conta do fornecimento de energia para as filmagens. Por mais que o sol brilhasse, holofotes eram fundamentais para tomadas internas ou noturnas. Foi aí que eles me contrataram.

Fazia um mês que eu tinha comprado um caminhão Mercedes seminovo. Não custa nada tentar impressionar. Junto com o "Poit Energia" escrito nas laterais, também mandei pintar um número 10 bem grande, para dar a impressão ao mercado e aos clientes de que eu estava crescendo tão rápido que, em poucos meses de operação, já tinha dez caminhões. Na verdade, aquele era o quarto — ou talvez terceiro.

Para levar o gerador até a Paraíba, o caminhão rodou 2600 quilômetros entre São Bernardo e Cabaceiras. Foi recebido com festa. As gravações começaram. Ocorre que, lá pelo quarto dia de filmagem, acompanhado por um funcionário da Globo, o motorista, que já tinha fama de sem juízo, resolveu se divertir numa cidade próxima. De noite, quando ninguém estava vendo, os dois subiram no caminhão — com o gerador em cima — e se mandaram para Campina Grande, maior cidade da região, a setenta quilômetros de Cabaceiras.

Depois de muitas horas, mulheres e bebida, a dupla dinâmica voltava para Cabaceiras quando o motorista errou a curva, o caminhão capotou e tudo e todos foram parar no fundo de uma ribanceira, no meio do sítio de um criador de cabras. Perda total no caminhão e no gerador.

Sempre gostei de tecnologia. Em 1999, eu tinha um celular do modelo mais avançado, praticamente um tijolo com antena, que nunca ficava desligado. À uma e meia da manhã, o aparelho disparou a tocar e me arrancou do sono dos inocentes. Atendi. Do outro lado da linha, estava uma gerente da Globo, furiosa:

— Wilson! O louco do seu motorista destruiu o gerador! Rolou um barranco com o caminhão, ferrou com tudo. Não dá mais pra filmar.

Sabe o custo de manter todo o pessoal aqui sem fazer nada? Preciso de outro gerador aqui já! A-go-ra!! Ouviu? I-me-di-a-ta-men-te!

Eu disse que ia resolver o quanto antes, mas nem sei se ela ouviu. Rapaz, como a mulher gritava, pressionando e ameaçando.

Na manhã do dia seguinte, veio mais um telefonema. Era outra pessoa da Globo, mais compreensiva, trazendo novas notícias:

— Olha, Wilson, só para avisar que seu motorista já está no hospital de Campina Grande. O homem está meio machucado, mas, de maneira geral, tudo bem com ele. Já o seu caminhão está sendo saqueado pelo povo. Parece que já levaram bancos e sei lá mais o quê. A gente não tem como cuidar disso. Não sei como você vai resolver, mas eu precisava te contar.

Horas antes, ainda na madrugada, eu tinha aberto duas linhas de frente para mandar outro gerador e cuidar da situação toda. Destaquei meu motorista mais esperto e também contratei um taxista, pai da recepcionista da Poit, para ser o motorista reserva. Assim, enquanto um dirigia, o outro dormia e vice-versa, os dois se revezando na direção, parando só para comer, até o sertão da Paraíba.

Na época, eu conhecia pouca gente no Nordeste, não sabia a quem recorrer para pedir ajuda. Mas aí lembrei que um técnico e grande amigo, Claudio Rapoport, morava próximo dali. No passado, por acaso havíamos tocado juntos uma obra no hotel Maksoud, em São Paulo. Simpatizei tanto com ele que o convidei para trabalhar na Poit Engenharia, onde ficou por três anos, entre 1995 e 1998. Agora morava em Ilhéus, na Bahia. Liguei para ele, desatando a falar, aflito e ciente do absurdo da situação e da estranheza do pedido:

— Cara, preciso que você me salve — disse, relatando o ocorrido.

— Você pode pegar um avião pra Paraíba? Em Campina Grande, visita o motorista no hospital e vê se está precisando de alguma coisa. Depois, aluga um carro e vai para Cabaceiras acalmar o pessoal da Globo, assegurando que o outro gerador está chegando. No caminho, descola alguém para vigiar o caminhão que está no fundo do barranco. Se der, fica por lá, cuidando de tudo pra mim até o fim da filmagem. Mando passagem de avião, alugo carro, pago despesas e custos e tudo mais que você cobrar.

Meu amigo topou, o que acabou sendo bom negócio para mim e para ele. Depois de despachar o motorista machucado para São Paulo de avião, Claudio se internou em Cabaceiras. Contratou o criador de cabras para vigiar o caminhão. Ainda supervisionaria a operação do gerador durante um mês e não deixaria acontecer outra bobagem. Até hoje, quando revê *O auto da Compadecida*, Claudio gosta de contar onde estava o gerador em cada cena, aqui atrás da igreja, ali do lado da casa. Ficou amigo de vários atores e também ganhou minha gratidão para sempre.

O novo gerador chegou a Cabaceiras três dias depois de sair de São Bernardo. Com o problema das gravações resolvido, Claudio foi contratar um guincho em Campina Grande para içar o que sobrou do caminhão e rebocá-lo até a oficina. As únicas coisas restantes eram a carroceria, os pneus e o motor; de retrovisores a rádio do painel, tudo o mais tinha sido depenado. Ao lado dos despojos, estava o criador de cabras montando guarda, com aquele olhar de quem finalmente vai ganhar dinheiro de verdade com a turma da cidade grande. Claudio deu bom-dia e foi direto ao assunto:

— Bem, o senhor passou três dias vigiando o caminhão. Quanto lhe devo?

— Opa, opa. Não é bem assim. São três diárias de vigília, dormindo no desconforto do caminhão, mais os quinze metros de cerca que o bichão veio arrebentando, espantando cabra e bode.

— Está certo. Quanto é? — perguntou Claudio, que naquele momento levava quinhentos reais no bolso, mas preparado para sacar mais dinheiro e pagar o que o homem pedisse.

Com o olho brilhando, o criador de cabras por profissão e vigia por acaso encheu a boca:

— Sessenta reais!

Finalmente uma boa notícia no meio da confusão toda.

Para arrematar o episódio, o funcionário da Globo que também farreou na madrugada com patrimônio alheio teria sido demitido ao sair do hospital. Dei mais uma chance ao meu motorista; na verdade, mais de uma. Ele ainda trabalharia dois anos na Poit, causando mais prejuízo ainda, até ser finalmente mandado embora. A minissérie ficou excelente, a ponto de o material da filmagem, reeditado, também ter gerado o filme *O auto da Compadecida*, sucesso de bilheteria nos cinemas no ano 2000.

Tive um baita prejuízo, mas isso foi o de menos. Teria gastado até mais para resolver a contento aquela asneira monumental. O importante é que a direção da Globo, depois do início desastroso, ficou satisfeita com o trabalho e impressionada com minha maneira de lidar com a situação. A partir daí, a Poit seria contratada pela emissora centenas de vezes para fazer tudo de que a Globo é capaz, de *Big Brother Brasil* a transmissão de shows, de jornalismo a programas especiais, de novela a futebol.

Dessa história, saiu a lição que passou a influenciar o jeito de trabalhar da empresa. Perdi o medo de crises e passei até a gostar de problemas grandes, enxergando a situação com bons olhos. Para estimular o poder de reação dos funcionários, repetia sempre um pequeno discurso quando alguém ligava com voz alarmada ou nas reuniões de acompanhamento que eu viria a promover às segundas-feiras. Nessas ocasiões, repassava a lição, me preocupando mais com a clareza da mensagem do que com a polidez do vocabulário:

— Olha, quando não dá merda, mais dia, menos dia, o cliente tende a trocar de fornecedor por preço menor. Mas, quando dá uma cagada federal e conseguimos resolver, ele não troca nunca mais, pois sabe que pode contar com a gente. Então, diante de um problemão, em vez de se desesperar, pensa que é uma chance de ouro para agarrar o cliente até o fim dos tempos. Deixa o cara xingar bastante, dizer que nunca mais quer te ver pela frente, que vai detonar a empresa, falar mal dela para todo mundo. Depois, se preocupa em descobrir o jeito de deixar a pessoa satisfeita. Se isso acontecer, a gente transforma crise em elogio, xingamento em propaganda boca a boca favorável, cliente furioso em cliente que não substitui nossa empresa por nada.

Posso contar nos dedos de uma mão o número de vezes que, nos doze anos em que estive à frente da Poit, a orientação falhou. Claro que perdi muitos clientes, mas raríssimos depois de ter causado e também solucionado o problema do melhor jeito possível.

CAPÍTULO 9

Pode contar com o que ainda não tenho

Muita gente define sorte como "o encontro do preparo com a oportunidade". Numa palestra, o empresário Abilio Diniz disse que, quanto mais uma pessoa treina, mais sorte ela tem. Pois é. Eu tive sorte, em todos os sentidos.

Em julho de 1998, o governo de Fernando Henrique Cardoso promoveu o leilão do sistema Telebras, no qual as sucateadas estatais de telefonia foram vendidas à iniciativa privada. Até então, linha fixa era artigo de luxo que tinha de ser declarado no imposto de renda. Celular, então, nem se fala. Aparelhos básicos custavam os olhos da cara e a rede era uma calamidade.

Um ano depois, quando a Poit Energia nasceu no papel, os novos donos das operadoras de telefonia celular investiam bilhões para ampliar a cobertura móvel. Eficiência é marketing. Numa das maiores caças ao cliente jamais vistas no país, gerou-se então uma espécie de corrida nacional para ver qual empresa tinha a maior cobertura.

De ponta a ponta do Brasil, operadoras competiam para instalar antenas no alto de edifícios e erguer torres de retransmissão em todo canto: terreno baldio, encosta de morro, cume de montanha, na cidade e no campo. Em consequência, fabricantes de equipamentos ficaram alucinados para atender as encomendas das operadoras.

Era o melhor dos mundos para mim. De um lado, operadoras querendo gerador para abastecer as torres em locais com rede elétrica precária ou inexistente. Do outro, empresas de tecnologia e de telecomunicações que também precisavam de gerador para os controladores de redes e sistemas de transmissão que dariam vida às torres.

Na época, não devia haver mais do que cinco grandes empresas que alugavam geradores no Brasil, algumas com centenas de máquinas para locação. Em comum, todo mundo estava atolado com pedidos.

Com as principais locadoras operando quase na capacidade máxima, buscando mais opções no mercado, o pessoal da telefonia descobriu que eu existia. E aí o telefone não parava mais de tocar, dando início a um ciclo de negócios formidável que de certa forma está aí até hoje, com a fase áurea começando em 1999 e prosseguindo até 2004 ou 2005.

Rapaz, que correria foi aquela! Foi a primeira vez — das inúmeras que se seguiram ao longo dos anos — em que os funcionários mais madrugadores me flagraram carregando caminhão às cinco e meia da manhã e os retardatários foram para casa à uma da matina enquanto eu continuava vendo planilhas de gastos ou fazendo o planejamento do dia seguinte.

Também passei a viajar mais do que mascate para atender clientes no Paraná, em Goiás, no interior de São Paulo, no Recife, em Uberlândia, Cuiabá, Campo Grande. Eram tantas viagens que, ao acordar numa cama estranha, eu tinha de parar um pouco para lembrar em que cidade estava. Para me localizar de vez, houve ocasiões em que precisei olhar a paisagem na janela ou o papel timbrado do hotel. Quem já passou por algo parecido sabe bem como é.

O pontapé inicial dessa roda-viva foi dado lá pela metade do segundo semestre de 1999, quando uma vendedora da Poit me passou uma ligação:

— Seu Wilson, tem um homem na linha dizendo que está precisando de dez geradores.

Opa, aquilo era novidade, bom demais para ser verdade. Mas era. Engenheiro de uma empreiteira, o homem estava aflito, sem ter muito mais para onde correr. Tinha sido contratado pela BCP, operadora de telefonia móvel de São Paulo, comprada depois pela Claro, para levantar dezenas de torres de retransmissão na periferia da capital.

Ocorre que, no início das instalações, o cidadão descobriu que não havia energia em muitos morros que abrigariam as torres. O único jeito de um equipamento funcionar ali era com gerador, pelo menos enquanto a Eletropaulo, concessionária de energia da capital, não ligasse os pontinhos e expandisse sua rede elétrica até lá.

— A Eletropaulo prometeu para breve. Acho que vão ser uns sessenta dias, noventa no máximo — disse o homem, crédulo e ingênuo, uma vez que a experiência mostrava que ia demorar no mínimo um ano.

— Cara, você deu muita sorte — respondi. — Não tenho para amanhã, mas, por coincidência, na próxima semana vou receber dez geradores novinhos, saindo da fábrica. Se puder esperar, eles são seus.

Aliviado, ele topou.

O fato é que contei ao empreiteiro uma inverdade. Na época, acho que eu ainda nem tinha chegado a dez geradores. De qualquer forma, todas as minhas máquinas estavam alugadas, embora o homem não precisasse saber disso. E nem que não existia gerador algum para chegar. Mais uma vez lá estava eu dizendo ao cliente que ele podia contar com algo que eu ainda não fazia ideia de onde conseguir.

Tinha sido assim na Eplanco, firma de engenharia na qual descobri minha veia empreendedora, e também na minha empresa de instalações elétricas, quando assegurei ao sócio do Ilha de Capri que o gerador para o show do Double You estava garantido. Se alguém só vender aquilo que já tem não vai crescer nunca.

Eu não tinha dinheiro suficiente em caixa nem era louco de pedir empréstimo em banco, mas tinha crédito na praça. Liguei para Fausto Ferrari, então diretor da SDMO, fabricante francesa com escritório em São Paulo, e para o Stephen da FG Wilson, empresa que importava geradores, perguntando se eles tinham dez equipamentos para entrega no começo da próxima semana.

Disse que ficaria com tudo, mas que não tinha como pagar conforme o figurino, que eles, por favor, aceitassem um sinal simbólico de entrada e o restante do pagamento em cheques pré-datados a serem descontados ao longo dos meses. Sou muito grato ao Fausto e ao Stephen por terem me dado esse crédito fundamental na base da confiança.

Na quarta-feira seguinte ao telefonema do engenheiro desesperado, entreguei os geradores para a empreiteira. Às voltas com o gigantesco problema de fornecer energia a uma cidade que não para de crescer, a concessionária não levou rede elétrica alguma às torres da periferia nos sessenta dias prometidos. Os dez geradores passariam dois anos funcionando sem parar, sem dar problema, só precisando ser reabastecidos com diesel de tempos em tempos. Aquilo representava um dinheiro líquido e certo todo mês, com uma margem de lucro enorme. Os dez geradores se pagaram em menos de um ano.

Ao atender a empreiteira das torres, vi que tinha de ampliar a frota de caminhões. Mas, em vez de adquirir os mesmos de sempre, compraria os primeiros caminhões munck, com guindaste acoplado à carroceria. Com eles, transporte e gerador não eram mais obrigados a ficar parados no mesmo lugar para fornecer energia. E eu também não precisaria alugar guindastes para descarregar, como tinha acabado de fazer. Um custo a menos.

Com os munck, era só encostar o caminhão, içar e baixar o gerador, voltar para a empresa, pegar mais um gerador e partir para a entrega da próxima locação. Aquilo representou um belo salto de produtividade para a Poit Energia. Eu estava pegando o jeito.

O mercado comenta. Fala muito mal de quem pisou na bola, mas também é capaz de louvar quem salvou o pescoço da empresa. Gentileza gera gentileza, essa foi uma das primeiras lições de negócios que aprendi com meu pai. Se funcionava tão bem num armazém de Rinópolis, por que não funcionaria numa empresa de aluguel de geradores de Diadema?

Enquanto os negócios cresciam, adotei a gentileza como especialidade da casa. Nas contratações, quase sempre dava um jeito de aumentar o grau de satisfação do cliente, entregando um pouco a mais do que o pedido.

Quando havia algum gerador sobrando, se alguém solicitasse uma máquina por um mês mas acabasse precisando de mais dias, eu dava uma semana extra sem cobrar nada. Se o contrato fosse válido por quatro meses mas o gerador se tornasse desnecessário na metade do prazo, não cobrava a multa estipulada em contrato. Se o equipamento fosse locado por uma construtora, na hora da entrega eu distribuía pão de queijo aos operários.

O mercado passou a falar "maismió" de mim, como eu diria no passado. Para não perder o embalo favorável, procurava sempre tornar cada vez melhor a qualidade do serviço. Ainda no início do boom das telecomunicações, numa outra visita à Showbiz, aquela feira mundial para fornecedores de energia, eu descobriria que a tecnologia havia chegado com força aos geradores. Tirei fotos, anotei tudo e, na volta ao Brasil, perambulei de novo entre os fabricantes pedindo mais modificações nos equipamentos destinados a mim.

A partir daí, muitos dos meus geradores viraram máquinas mais próximas das do Primeiro Mundo, perfeitas para atender emergências nas quais o equipamento não pode falhar de jeito nenhum. Além de um tanque maior, teriam chave dupla de comando para quase tudo. Como nos aviões, se um sistema falhasse, era só virar uma peça para acionar o sistema reserva, sem precisar chamar técnico. Esse modelo passou a ser conhecido no mercado como "padrão Poit".

Pouco depois do meu primeiro aluguel simultâneo de dez máquinas, um diretor da Ericsson, fabricante de equipamentos de telecomunicação, encomendou quarenta geradores de uma vez (quarenta!, o bilhete premiado, ainda maior, saindo outra vez para mim), todos para o Rio de Janeiro. Usei a mesma tática para conseguir atender aquele pedido gigantesco, sem recorrer a bancos, contando apenas com a boa vontade dos grandes fabricantes, que não passavam de meia dúzia naquele momento.

Dessa vez, além da SDMO e da FG Wilson, também bati à porta da Leon Heimer, fornecedora do meu primeiro gerador, e da Stemac, de Porto Alegre, à época um dos principais fabricantes. Todos acataram meu pedido, fechando acordos apenas verbais, aceitando minha palavra de que honraria os compromissos. De novo, não tenho como agradecer pela confiança que as pessoas e as empresas depositaram em mim num tempo em que mal sabiam quem eu era.

Com um problema resolvido, eu me vi diante de outro. Não adiantaria nada ter os quarenta geradores sem arranjar alguém que cuidasse da manutenção e do diesel de todos eles. Ficar deslocando funcionários entre Diadema e Rio de Janeiro só para fazer revisões e abastecer o tanque seria contraproducente. Decidi que precisava de uma filial no Rio de Janeiro, minha primeira filial.

Para mim, esse negócio de abrir escritório chique sempre foi desperdício de recurso. Jamais fez meu estilo. Reconheço, porém, que dessa vez exagerei no improviso franciscano. Estacionei um caminhão na praia de Botafogo, em frente ao Edifício Argentina, centro empresarial onde fica a sede carioca da Ericsson. A cabine daquele caminhão foi meu primeiro escritório no Rio — um tanto heterodoxo, mas uma mão na roda. Para ir a reuniões na Ericsson, era só atravessar a rua.

Chamei um amigo, o Ronaldão, para me ajudar nas primeiras providências e, nas horas vagas, morar no caminhão para vigiá-lo — Ronaldão montou até um varalzinho no qual estendia camisas molhadas. Ali, na cabine, fiz as entrevistas para contratar os primeiros funcionários da filial, pouco depois transferida para um pequeno escritório na avenida Nossa Senhora de Copacabana. Para abrigar os geradores, aluguei um galpão na zona norte, no bairro da Penha.

Quando vendi a Poit Energia, em 2012, a empresa tinha dezoito filiais, nenhuma delas planejada ou resultado de estudo de mercado. Fui abrindo-as à medida que o serviço ia aparecendo nas cidades, movido pela necessidade. Depois a empresa se profissionalizou, mas pelo menos até 2005 nunca houve processo formal de contratação, anúncio no jornal, contratação de peças-chave da concorrência e muito menos de *headhunter*.

Meu método de seleção era totalmente empírico, juntando a experiência acumulada com meu jeito caipira de ser. Eu mesclava a confiança em pessoas próximas —, amigos, funcionários e parentes (e suas respectivas indicações) — com a mais pura intuição.

Embora não seja exclusividade, aprender a usar a intuição é coisa típica de menino tímido que cresceu acuado como eu. Deve ser alguma espécie de mecanismo de defesa que se desenvolve para tentar reconhecer de imediato quem é amigo ou inimigo e que, com o tempo, passa a enxergar qualidades (ou defeitos) que nem sempre são visíveis a todos. Há pessoas que não levam intuição a sério. Pois eu ponho a maior fé.

Fiquei bom nisso. Poucas vezes apostei na pessoa errada, embora, numa empresa que cresce rápido, seja impossível não contratar gente torta, que surrupia material e falsifica nota de reembolso, entre outros pequenos golpes. Isso, porém, faz parte do jogo, é inevitável. Diante disso, a questão acaba se resumindo a acertar mais do que errar. E, por sorte, acertei muito mais.

CAPÍTULO 10

Surfando dois tsunamis

Apenas o boom das telecomunicações já seria suficiente para deixar em estado de graça qualquer empreendedor que servisse aquele mercado. Mas o fato é que, ao mesmo tempo que ia entregando um gerador atrás do outro para o pessoal da telefonia, duas outras ondas generosas de negócios foram se formando no horizonte — ambas configuradas na medida para empresas que alugavam gerador.

O primeiro tsunami nasceu de uma miragem global que também afetou o Brasil. Para quem era muito novo na época, o fato é que o ano 2000 começou com o alerta vermelho ligado. Não se sabe de onde veio o boato, mas em certo momento alguém garantiu que uma falha lógica nos meandros dos computadores impediria a programação de reconhecer o ano 2000.

Segundo a tese alarmista, até modelos recentes entrariam em conflito. Programas e bancos de dados enlouqueceriam tentando entender como 00 podia ser maior do que 99. No instante seguinte às 23 horas, 59 minutos e 59 segundos de 31 de dezembro de 1999, sem saber interpretar os três zeros do ano novo, todos os computadores do mundo empacariam, comprometendo dados ou até parando de funcionar. A esse apocalipse digital deu-se o nome de Bug do Milênio.

Até hoje não se tem notícia de um único computador, micro ou superpoderoso, que tenha dado um soluço por causa da virada para o ano 2000. Mas, na época, não houve governo ou empresa que não entrassem em pânico por causa da possível paralisação de aeroportos, bancos, hospitais, indústrias, usinas, de todo lugar que dependesse de um chip.

Para evitar o caos na noite do réveillon, legiões de técnicos de informática foram escaladas para contornar o problema. Por via das dúvidas, no entanto, todo mundo correu atrás de um gerador, a maioria do pessoal querendo assinar contrato de três meses por garantia. Se a rede elétrica parasse, pelo menos haveria energia para consertar o problema ou continuar fazendo alguma coisa.

Empresas e entidades enormes, que eu namorava de longe, achando que seriam conquistas distantes ou mesmo inalcançáveis, pediam pelo amor dos céus que não as deixasse na mão. American Express, Credicard, Itaú, Bolsa de Valores, Serasa, toda essa turma e seus amigos viraram meus clientes. O resultado é que bati meu recorde histórico: aluguei tudo o que tinha e também o que não tinha.

O segundo tsunami foi uma exclusividade brasileira, uma longa onda com duração de oito meses, entre julho de 2001 e fevereiro de 2002, ainda na gestão de Fernando Henrique Cardoso. Batizado com o apelido de Apagão, foi produto de pouca chuva, investimento baixo e planejamento mínimo por parte do governo na área do abastecimento de energia. Dessa vez não era boataria. Havia mesmo o risco de colapso energético nacional, amplo, geral e irrestrito.

Depois de muito cálculo, o governo anunciou que, se o país não economizasse pelo menos 20% do que estava habituado a consumir, correria o risco de ficar nas trevas. Para incentivar o racionamento de energia, quem gastasse menos seria recompensado com desconto na conta de luz. Já os que continuassem gastando como sempre pagariam mais caro pela eletricidade.

Nos lares, os banhos ficaram mais curtos. Empresas que trabalhavam até tarde passaram a encerrar o expediente mais cedo. Diversos e inúmeros estabelecimentos, no entanto, como shoppings e hospitais, não tinham como fazer isso. Para não ficarem no escuro, o jeito era caçar uma fonte alternativa de energia. Mais uma vez, bati meu recorde, alugando tudo e mais um pouco.

O apagão ainda trouxe um efeito colateral benéfico. Grandes consumidores descobriram que, no horário de pico (quando a energia encarece para o comércio e a indústria), era melhor alugar um gerador do que pagar a sobretaxa da concessionária.

Abriu-se assim outra nova e respeitável frente de negócio para mim, com fábricas, bancos e shoppings entrando na fila do gerador. Depois isso virou prática do mercado. Até hoje, todo dia, entre seis e nove da noite, conforme a região, muitas empresas desligam a chave geral da rede elétrica normal e acionam o gerador para ter energia mais barata. É um bom negócio para todo mundo.

Alguns nem devolviam mais a máquina. Uma empresa, por exemplo, quis fazer um teste. Pagou uma fortuna para a Poit içar o gerador com guindaste até um andar alto. Como o equipamento resolveu bem o problema, a empresa decidiu ficar com ele a princípio por quatro meses. Ocorre que, passado um ano, a máquina ainda estava lá. Um dia, o funcionário que fazia sua manutenção periódica entrou na minha sala e disse:

— Seu Wilson, os caras levantaram uma parede na frente do gerador. Só deixaram uma portinha de entrada. Acho que não vai dar mais pra tirar ele dali.

— Deixa quieto, não é problema nosso.

Seis meses depois, o mesmo funcionário veio com mais uma:

— Seu Wilson, agora puseram uma central de ar-condicionado na sala do gerador, tá cheio de duto passando por cima. Agora é que não sai nunca mais.

O gerador ficou ali por quatro anos, com o aluguel pago religiosamente todo mês sem ninguém falar nada. Até que, sei lá o que houve — se o presidente mudou ou fizeram alguma auditoria —, o fato é que certo dia me ligou um cara da empresa dizendo que algumas pessoas da companhia estavam achando aquela situação estranha.

— Ué, não tem nada de estranho. Se não quiser mais o gerador é só devolver — eu disse.

— Não, precisamos muito dele. Além disso, para tirar o gerador de lá, vamos ter de quebrar tudo. Escuta, você não quer vender?

— Não posso fazer isso. Não vendo gerador, só alugo.

Depois fiquei pensando: a empresa era um cliente muito bom, não tinha sentido me indispor por causa daquilo. Propus um meio-termo. Eles podiam ficar com o gerador, contanto que me dessem outro. Resultado: depois de quatro anos inteiros de aluguel, ainda encerrei o contrato com um gerador zero-quilômetro no estoque, recém-saído da fábrica. Esse foi apenas um de vários casos semelhantes.

Com tudo conspirando a favor, em apenas dois anos de operação, a Poit virou a maior empresa do setor no estado de São Paulo. Ainda não tinha fôlego para confrontar os maiores concorrentes nacionais, que reinavam no Rio de Janeiro e no Nordeste, mas eu fazia o que estava ao meu alcance para incomodar. Topava qualquer grande negócio, onde quer que ele aparecesse. Como ocorrera no Rio de Janeiro, se fosse preciso criar uma filial, eu nem titubeava.

No ano seguinte, quando a extinta Telemar, hoje incorporada à Oi, me contratou para um grande serviço em Pernambuco, abri a filial do Recife. O quarto escritório, de Brasília, nasceu quase na mesma época. Essa, aliás, era uma bola que já vinha quicando. Fazia um ano que eu prestava muito serviço picado por lá, fornecendo energia a shows, eventos e festas na capital federal. Lá, também prestaria serviços para a Americel, operadora da banda B no Distrito Federal.

Quanto mais empresas eu atendia, mais surgiam indicações de novos negócios vindas de clientes satisfeitos. Era uma coisa impressionante. A lei da oferta e da procura é realmente maravilhosa quando você está do lado certo. Com todo mundo, de norte a sul do país, querendo gerador para ontem ao mesmo tempo, eu podia cobrar a tabela cheia sem culpa. Se a pessoa achasse caro, o que quase nunca acontecia, havia pelo menos mais dois interessados na máquina.

Para um empreendedor que trabalhava exclusivamente com geradores havia apenas dois anos, ter uma clientela daquelas e com tal volume de contratos era um feito e tanto — e tudo indicava que ainda era possível ir mais longe. Depois de vários anos de procura, uma empresa de engenharia e quatro negócios mambembes, finalmente eu tinha encontrado um tipo de atividade que me satisfazia, preenchendo aquela lacuna que me dava a sensação de que sempre estava faltando alguma coisa no campo profissional.

Já faz tempo que uma das minhas frases preferidas, que sempre repito em palestras, é: "Pior do que quebrar é andar de lado a vida inteira". Lembre-se de que cresci vendo meu pai andar de lado a vida toda naquela loja, no máximo com dois funcionários além de mim e meu irmão. Também não me saía da cabeça aquele senhor polonês, meu chefe na Refinações de Milho, Brasil, que passou a carreira na mesma empresa e saiu de lá frustrado. Eu andava na rua e via uma série de estabelecimentos que seriam do mesmo tamanho até que o dono se aposentasse. Essa é a realidade da maioria das pessoas e das empresas, mas eu não queria isso para mim. Eu não queria andar de lado.

Para quem olhasse do lado de fora usando os critérios de sempre, a Poit Engenharia deveria ser considerada uma firma bem-sucedida. Ninguém diria que eu, com cem funcionários e retiradas mensais mais do que satisfatórias, andava de lado ali. Mas o fato é que jamais me vi fazendo aquilo pelo resto da vida. Andar de lado com conforto, para mim, ainda é andar de lado.

Como disse antes, eu almejava um negócio com escala, que pudesse se multiplicar até atingir grandes proporções, de preferência sem depender do dono. Só isso seria capaz de dar fim à minha inquietude profissional. E agora esse negócio estava tomando forma ali na minha frente, ocupando todos os meus dias, me fazendo sonhar em como atingir o estágio seguinte.

Até hoje me impressiona que isso tenha acontecido com uma empresa de aluguel de geradores, sem nenhuma inovação revolucionária ou tecnologia de ponta. Era um negócio tão simples que qualquer um poderia fazer sem precisar de MBA ou mesmo de um diploma da faculdade da esquina. Como no longínquo tempo em que datilografei currículos escolares para um professor da minha escola, lucrei muito, em todos os sentidos, ao fazer um trabalho modesto que muitos executavam de maneira incompleta ou simplesmente não queriam fazer.

CAPÍTULO 11

Dancei bonito

Entre 1999 e 2001, juntando telefonia, bug e apagão, o faturamento anual da Poit, que já vinha decolando numa boa velocidade, subiu de vez que nem foguete. Passou de cerca de 400 mil reais para mais de 2 milhões, um crescimento de incríveis 400%.

Na época, eu não fazia a menor ideia de que existia um negócio chamado Ebitda, xodó dos analistas de balanço financeiro, com o qual se apura o lucro de uma empresa sem contabilizar impostos, amortização, depreciação e juro. Quanto maior o Ebitda, melhor a saúde do negócio. Naquele tempo, eu só sabia que meu lucro era uma beleza. Hoje, no entanto, posso dizer que o Ebitda da Poit girava em torno de 40% do faturamento, uma enormidade. Meus números chamaram a atenção do mercado.

Em 2001, ainda durante o apagão, recebi a visita de um representante no Brasil da Show Power, empresa americana de locação de geradores que tinha sido vendida fazia pouco tempo para a GE, potência global com negócios em áreas tão díspares quanto eletrodomésticos e turbinas. O representante queria saber uma coisa: — Poit, já pensou em vender sua empresa?

— Não. O negócio é muito recente, só tem dois anos no papel. Ninguém vai querer comprar.

— A GE vai. É você mesmo que eles estão procurando. Acabaram de me perguntar se eu conhecia no Brasil alguma companhia nova, promissora, bem-arrumada, que não tenha vícios nem cultura arraigada.

Nessa época, a GE era comandada pelo lendário Jack Welch, considerado o executivo do século pela *Fortune*, influente revista americana de negócios. O homem não gostava de coisa pequena, só se interessava em ser o primeiro ou, no máximo, o segundo nas áreas em que investia.

Depois de consolidar a empresa nos setores de iluminação e distribuição de eletricidade, Welch agora queria aumentar a participação da GE Energy, que estava longe de ser pequena, no mercado de locação de geradores. Apenas na América do Sul, pretendia comprar dezenas de empresas de países como Chile, Peru e Argentina, além do Brasil. O plano era chegar à vice-liderança global e, assim, ganhar força para ameaçar a Aggreko.

— Aggreko? Que é isso? — perguntei.

— A maior empresa de locação de geradores do mundo. É britânica, tem mais de 10 mil máquinas em cerca de cem países.

— Quanto a GE pagaria?

— Não sei. Por enquanto é só sondagem. Se você disser que está interessado, passo o recado e aí a gente descobre. Vamos nessa?

Dei sinal verde. Semanas depois, o representante telefonou para dizer que a GE queria conhecer a Poit Energia e que estava mandando um executivo dos Estados Unidos para me visitar.

Rapaz, que frio na barriga. Minha primeira providência foi arranjar alguém capacitado, com experiência internacional, para me dar assessoria. Um amigo me indicou Manuel Baião, mineiro que gosta das coisas boas da vida e que mora e trabalha em Nova York. Ele se tornou meu consultor, ou *advisor*, como se diz nos Estados Unidos. Orientado por ele, fiz no computador uma apresentação caprichada da empresa, cheia de números bonitos, com análise de mercado, projeções de negócios, ficou uma beleza.

Também contratei um bom advogado e depois chamei um professor para verter a apresentação do português para o inglês e também me ensinar a pronúncia de cada sílaba. Decorei tudo e, no dia certo, preparei a sala de reuniões para receber Abraham Minter, executivo da GE que cuidaria da avaliação da empresa. Pouco antes da chegada dele, chamei Baião para um canto e perguntei:

— Mas quanto eu peço?

— Você está louco? Não vai pedir nada. Vai só fazer a apresentação, responder o que perguntarem sobre a Poit e depois ficar quieto. Eles é que vão dizer quanto estão dispostos a pagar.

Segui a orientação e fiz minha palestra. Além de tudo o que viu e ouviu, o americano ainda pediu mais uma montanha de informações. Passei todas. O emissário da GE deu a impressão de ter gostado da exibição, apesar de ter ido embora sem falar nada sobre valores, só dizendo que entraria em contato mais tarde.

E aí, num belo dia, chega um e-mail dele. Abro aquilo, vejo a oferta e quase caio para trás. Cin-co mi-lhões de dó-la-res! *Cash!!* Liguei na hora para Baião.

— Cara, você não vai acreditar. Olha só a fortuna que eles querem me dar — disse, crente de que meu conselheiro ia ficar tão bobo quanto eu.

— Wilson, se eles ofereceram cinco, é porque vale mais.

— Mas como, Baião?! Faturo 2 milhões de reais e eles estão oferecendo 5 milhões de dólares...

— Pede doze.

— É muito.

— Não é você quem decide isso. Pode subir o preço.

Com dor no coração, aperto na alma e a sensação de estar jogando a oportunidade da minha vida pela janela, respondi ao e-mail com a contraoferta. Dias depois, veio a resposta. Para minha surpresa, eles não me mandaram catar coquinho. Pelo contrário, agora oferecem 7 milhões. Rindo de orelha a orelha, telefonei de novo para Baião, que, depois de pensar um pouco, emitiu um parecer de alto saber jurídico:

— Huuummmmm, eles estão mesmo interessados. Fala aí que só aceita dez.

Dessa vez, não fiz o que ele pediu. Depois de alguns dias, em vez de mandar um e-mail, liguei para a GE e, com meu inglês macarrônico, disse que, se aceitassem pagar 8 milhões de dólares, a Poit era deles.

A GE aceitou! Avisei Baião que tínhamos chegado a um acordo, que a carta de intenção ficaria pronta em breve. Meu consultor disse que tudo bem, mas que achava que ainda era possível melhorar. Eu não quis nem saber. Para mim, aquilo era inacreditável. Nunca, em tempo algum, alguém da zona rural de Osvaldo Cruz viu tanto dinheiro na frente de uma vez. Liguei para esposa, filhos, pai, mãe, irmão, tios e primos, melhores amigos, todo mundo que importava, contando que tinha feito o melhor negócio do mundo. Naquela noite, tive dificuldade em dormir, só pensando naquilo.

A partir dali, e durante nove meses, a GE passou a se comportar como se fosse dona do negócio. Colocou funcionários dela na minha empresa, fez uma auditoria minuciosa, devassou a contabilidade, apertou o sistema de controle. Ao acompanhar tudo aquilo, eu ia vendo como os americanos administravam um negócio. Também aprendi um bocado nas visitas que fiz naquela época aos escritórios da GE nos Estados Unidos, numa espécie de intercâmbio entre parceiros.

Mas, antes que os americanos se instalassem na Poit, logo que contei que a GE tinha topado os 8 milhões, Baião insistiu para que a assinatura da carta de intenção fosse feita em grande estilo, alegando que eu estava rico e que o mínimo que merecia era uma noite glamorosa.

— Vem aqui para Nova York assinar o memorando. Pode deixar que eu cuido de tudo — anunciou meu consultor.

Fui. Em vez de reservar hotel, geralmente muito caro em Nova York, pedi a um tio que morava lá para me hospedar por uns dias. Sem consultar ninguém, Baião reservou uma mesa no restaurante de um barco do Circle Line, que, navegando pelo rio Hudson, dá uma volta em Nova York.

Na grande noite, depois do jantar, Minter e eu assinamos a carta de intenção selando o acordo entre a Poit Energia e a GE, meio caminho andado para o contrato definitivo. Pronto, estava feito, negócio fechado, viva! Eu ainda não sabia, mas Baião também tinha alugado uma limusine, daquelas com TV e balde de champanhe, para nos levar a um show do músico americano Chuck Mangione no SoHo, bairro descolado de Nova York. Ele não estava brincando quando falou que queria comemorar em grande estilo.

Logo na sequência da assinatura da carta de intenção, ainda no barco, Baião fez questão de registrar o momento com sua câmera fotográfica. Tirou um belo retrato de mim e do americano dando um forte aperto de mão, com o World Trade Center ao fundo. É uma foto histórica, mas não pela razão que eu queria. O fato é que nada naquela fotografia ficou de pé.

As Torres Gêmeas foram derrubadas no atentado terrorista de 11 de setembro de 2001. O negócio com a GE, por sua vez, nunca se concretizou. Descobri do pior jeito que carta de intenção pode ser apenas um flerte ou namoro, ainda distante do casamento.

Na volta ao Brasil, com o pessoal da GE já trabalhando na Poit, muitos dias se passaram sem que ninguém se manifestasse sobre o contrato definitivo e muito menos sobre o depósito dos 8 milhões. Por e-mail, eu perguntava e só recebia enrolações como resposta. À época, a única notícia que eu tive dos Estados Unidos foi de Baião, que me apresentou a conta do jantar no Circle Line, da limusine e da noitada no show de Chuck Mangione. Da finalização do negócio, nada.

Dias se tornaram semanas, que se tornaram meses. A alegria foi virando preocupação e depois angústia. Eu vivia numa montanha-russa emocional. Num momento estava deprimido, acreditando que aquilo, claro, tinha dado errado, mas, no instante seguinte, quando chegava um e-mail da GE, ficava eufórico, achando que trazia notícia do contrato ou do dinheiro. Essas notícias, porém, nunca vieram.

Certo dia, depois de nove meses de troca infrutífera de e-mails, recebi um telefonema de Minter enquanto estava dirigindo. Não entendi quase nada do que ele falou, a não ser um *gone* e um *I'm sorry*. Me desculpe?! Do quê? Tinha a sensação de ter captado o sentido geral, mas aquilo não era possível! Não, não, não. Na mesma hora telefonei para Manuel Baião:

— Olha, o americano ligou aqui e o que entendi da conversa não faz sentido, não tem como ser verdade. Por favor, liga lá, descobre o que está acontecendo e depois me conta palavra por palavra.

Assim que encostei meu Opala Diplomata no estacionamento da Poit, Baião ligou de volta. O fato é que as coisas haviam mudado. Jack Welch tinha se aposentado. Seu sucessor no comando da GE, Jeffrey Immelt, não enxergava o mundo dos geradores com os mesmos olhos de Welch. O plano de comprar dúzias de empresas mundo afora para brigar pela liderança do mercado mundial com a Aggreko estava sendo abandonado.

Our deal is gone, once for all, *I'm sorry*, foi isso que Minter havia dito.

Traduzindo: Enterrado de uma vez por todas. Em outras palavras, Wilson, meu chapa, você realmente dançou bonito.

Para piorar, a carta de intenção não previa multa em caso de desistência do negócio.

CAPÍTULO 12

Fantasmas

Em 2001, ainda durante o apagão, a Poit Energia saiu pela primeira vez em reportagens de jornal e em revistas de negócios, com fotos minhas, na distante época em que eu ainda tinha cabelo. Também dei entrevistas para um noticiário da Rede Globo, em que a câmera mostrava o pátio da empresa totalmente vazio, sem um único caminhão ou gerador. Em todos os casos, eu era retratado como um empreendedor de sucesso que estava se dando bem na crise.

Tive um baita orgulho daquilo, li e reli os textos repletos de elogios, avisei toda a família que tinha virado notícia, comprei quilos de revista para distribuir aos funcionários. Mas o fato é que, ao mesmo tempo que o reconhecimento público me envaidecia, eu tinha uma sensação estranha, desconfortável. Via as reportagens e pensava: "Cara, eu não sou tudo isso. Mais dia, menos dia, vão descobrir que sou uma farsa".

Na verdade, acho que não tem sentido contar minha história só falando de façanhas. Ninguém é tão bom nem o mundo é cor-de-rosa. Não há uma alma na Terra que só tenha colecionado vitórias, numa vida de felicidade plena, sem percalços, superações, dificuldades ou traumas. Por isso, falei antes da timidez e da inadequação na infância, e também da relação com meu pai e das marcas que isso me deixou. Somos o que nos tornamos, e o lado sombrio também define a maneira como fazemos as coisas.

Por isso, vou falar agora do que nenhuma reportagem mostrou. Tenho esperança de que, ao expor meu lado desconhecido, eu inspire e encoraje quem passou ou ainda passa por uma tormenta, interior ou exterior, a continuar sonhando, seguindo em frente e tentando melhorar. Um negócio nada é senão a soma das capacidades e falhas das pessoas que trabalham nele, influenciadas, sobretudo, pelo modo de agir do principal executivo ou do dono.

Hoje, na hora de contratar, toda empresa quer um profissional qualificado e também equilibrado. Fazem interrogatórios cheios de perguntas íntimas para ver se a pessoa harmoniza vida profissional, social, familiar, hobby e lazer. Sim, equilíbrio é ótimo, evidentemente uma meta a ser atingida. Mas, para pessoas como eu, isso pode levar bastante tempo a ser alcançado. Sem poder entregar o que não possui no momento, resta achar outras armas para lutar.

Note, não estou defendendo desequilíbrio. Apenas dizendo que harmonia, em si, não é garantia de nada. Na fase em que a Poit cresceu mais, não me lembro de um único dia em que me sentisse equilibrado. Pelo contrário, estava sempre atormentado. Sofria de verdade, fustigado pelos meus fantasmas.

Nas palestras, costumo fazer uma observação: "Como são admiráveis as pessoas que a gente não conhece bem!". Basta se aproximar e conviver um pouco com elas para ver que nunca é bem assim. Na música "Vaca profana", Caetano Veloso diz que "de perto, ninguém é normal". Pois é.

Aos 43 anos, eu não era a pessoa que queria ser. Ou melhor, profissionalmente era; depois de muito tempo de buscas estava finalmente construindo a empresa com que sonhara. Evidentemente, eu tinha valor e qualidades, tudo que conquistei foi por mérito. Mas existencial, pessoal e psicologicamente eu vivia em conflito. Ainda não sabia que, muitas vezes, em pessoas fragilizadas na infância, o profissional pode se tornar uma rocha de competência por fora, enquanto permanece inseguro por dentro. De um lado, precisa de holofote, aplauso e reconhecimento para se afirmar e se sentir bem. Do outro, não raro, desenvolve um jeito meio arrogante de ser.

Na Poit Engenharia, e também nos primeiros anos da Poit Energia, reconheço que, em mais ocasiões do que deveria, fui um chefe ruim. Centralizador, irritadiço, impaciente, vivia estourando. Meu sócio na filial de Belo Horizonte, Gladstony Oliveira Souza, brincava que eu não tinha lado negro — só lado vermelho. "Se o rosto corar, sai de baixo, meu amigo, que o vulcão vai explodir", dizia ele.

Eu gritava se alguém esquecia um cabo. Dava soco na mesa quando via que o atendimento deixara a desejar. Lascava esporro se o funcionário empurrava para mim um problema que podia resolver sozinho. Batia o telefone tão forte que, mais de uma vez, estraguei o aparelho. Ficava irado com deslizes bobos e mais um monte de pequenas coisas cotidianas.

Eu queria muito dar certo. Como milhões de empreendedores, empresários e executivos, trabalhei tanto por aquilo, mergulhei tanto no cotidiano da companhia, fui tanto atrás de negócios que negligenciei a vida familiar, fui um marido desconectado e um pai ausente. Mais tarde, pagaria um preço alto por isso, me separando depois de mais de vinte anos de casamento.

Eu não me permitia ser feliz. Sentia culpa, essa desgraça, por ser um dos poucos da família a ser bem-sucedido, de acordo com os critérios de uma sociedade de consumo. Culpa pelo excesso de trabalho. Culpa pelo distanciamento da família. Então, eu me autossabotava. O corpo reagia à mente. Eu vivia com a pele empipocada, com uma alergia atrás da outra, a cabeça latejando, dor de barriga, pressão alta. Incomodado, não raro descontava em quem não tinha nada a ver com isso.

Até no trânsito eu pirava. Mais de uma vez, buzinando, fui atrás de quem me deu fechada. Xingava, praguejava com motorista que não dava seta, cidadão que não andava e gente que colava na minha traseira. Lembro disso e me acho um lunático, alguém que realmente precisava de ajuda. Pensei muito se contava isso aqui ou não. A vergonha quase me impediu de assumir em público. Só o faço porque, ao contrário do que muitos pensam, sou a prova de que as pessoas se transformam ou, ao menos, conseguem melhorar muito. Hoje, no trânsito e na vida, me controlo, uso diplomacia em vez de força, concilio em vez de atacar.

Se eu me sentia confrontado, questionado ou ameaçado, mesmo em situações que nem eram assim tão importantes, podia reagir com força desproporcional. Não demitia, punia ou colocava na geladeira, mas podia ser irônico, sarcástico, cortante, agressivo. Dezenas de vezes falei muito mais do que devia, esculhambei, insultei e magoei funcionários. Por e-mail, fiz o mesmo, tantas vezes deixando meu destempero registrado em várias caixas de entrada por aí.

Protagonizei esse show de horrores por anos, até o dia em que me convenci de que, se não destampasse a panela de pressão, ia acabar explodindo de verdade. Viver daquele jeito era insuportável, insustentável, ruim para os outros e pior para quem não consegue um dia de paz interior legítima.

Com resistência a princípio, depois com entusiasmo, resolvi fazer terapia. Passei uns quinze anos na análise, em algumas épocas chegando a ir a três sessões por semana (até hoje, se a coisa aperta, faço uma visitinha à analista para recalibrar). Começaria aí um longo processo de autoconhecimento, de aceitação e reavaliação, de mais equilíbrio (olha ele aí), sustentado por aquela tese que diz que o importante não é o que aconteceu com a gente, mas o que a gente faz com aquilo que aconteceu.

Mudei muito, a começar pela aparência. Com mais de quarenta anos, coloquei um aparelho ortodôntico para endireitar os dentes incisivos, aqueles que, segundo meu pai, me faziam parecer um tubarão. As pipocas sumiram da pele. Os frisos da testa que surgiam quando a cabeça doía muito também se foram. Parei de fazer careta por causa da dor de barriga.

Por questão de justiça, é preciso reconhecer que, mesmo na fase aguda do desarranjo emocional, eu não agia de maneira insana o tempo todo. Se perguntar aos funcionários da Poit que estiveram lá comigo naqueles anos, a maioria dirá que eu era um bom chefe. "E, ainda mais do que isso, o Wilson fazia a gente se sentir como se fosse da família", diz José Gomes, técnico que me acompanhou por treze anos.

Eu tinha meus arroubos, sim, mas, na maior parte do tempo, procurava ser justo, tratar bem meus funcionários, reconhecer bons trabalhos individuais, valorizar o senso de equipe — e, sobretudo, não repetir os insultos com os quais meu pai humilhou a mim e ao meu irmão. Quando nos chamava de burros, idiotas ou imbecis, ele cometia um erro duplo, o erro dentro do erro. O primeiro era a ofensa em si. O segundo, o modo como ofendia, procurando alvejar não o comportamento da pessoa, e sim sua identidade.

Explico: há uma diferença colossal entre dizer que alguém *fez* uma burrice e dizer que alguém é burro. Fazer uma burrice representa um *estado*, algo passageiro, que pode ou não se repetir. Mas dizer que alguém é burro significa permanência. Equivale a carimbar, petrificar e imortalizar a identidade da pessoa para sempre, como se ela sempre tivesse sido burra e continuasse sendo assim até a eternidade. Na terapia, aprendi a elaborar isso melhor, mas o fato é que, desde cedo, já sabia que nunca se deve criticar alguém na identidade, e sim apenas seu comportamento.

Às vezes, por mais que me recriminasse depois, o destempero me fazia escorregar. Com o tempo, muito policiamento e autoanálise, fui diminuindo o uso do terrível carimbo do mal até aposentá-lo de vez, substituindo-o pela psicologia. Fui virando um diplomata. Diante do erro, chamava o funcionário para conversar e, com muita calma, dizia:

— Olha, você é uma ótima pessoa, um profissional competente, mas, na semana passada, fez uma coisa que não combina com você. O que pretende fazer para que aquilo não se repita?

Note que o carimbo da identidade ainda está ali, mas agora usado para o bem, atestando que a pessoa é ótima e competente. Observe que a crítica está dirigida a um comportamento destoante, e não usual. Por fim, não há traço de um chefe contrariado despejando regras e acuando o funcionário. Pelo contrário, a pergunta sobre a maneira de resolver a situação confere poder e iniciativa à pessoa.

A psicologia também me ajudou a achar um caminho para valorizar mais os funcionários. Quando conto isso em palestras, percebo que os críticos da plateia me olham com certa reprovação, possivelmente julgando meu discurso como demagogia. Bem, para mim, as pessoas não são idiotas, elas percebem se alguém está sendo sincero ou não. E, quando eu falava com os funcionários, ficava evidente que era assim mesmo que eu via as coisas.

Eu pedia, por exemplo, à telefonista que fosse até minha sala. Depois de perguntar se estava tudo bem, a família com saúde, o trabalho bom, eu dizia:

— Você é uma das pessoas mais importantes da Poit, se não for a mais importante. Quando um cliente telefona para cá, sua voz é a primeira coisa que ele conhece, a primeira impressão que ele vai ter da empresa. Não se esquece disso, continua fazendo seu trabalho tão bem. Se continuar assim está ótimo, se der para melhorar, mais palmas ainda. De um jeito ou de outro, o fato é que o sucesso da Poit depende muito de você.

Na primeira oportunidade, repetia a fala para a recepcionista, trocando a voz pela imagem. Para o motorista e o técnico da manutenção, fazia o mesmo, reforçando que eles faziam parte da linha de frente da operação. Para o vigia, mantendo o discurso, enaltecia a relevância e o valor da segurança. Não queria apenas que eles se sentissem importantes. Eu ambicionava que eles se vissem do mesmo modo que eu os enxergava, com cada um sendo fundamental para o resultado da empresa.

Ao mesmo tempo que promovia essas conversas pessoais, fui encerrando a carreira de louco furioso dos e-mails. Quando escrevia respostas rudes para alguma mensagem que havia me irritado, não mandava mais na hora. Relia, corrigia erros de digitação, acrescentava até uns impropérios, mas então salvava na pasta de rascunhos (que se tornou a mais útil para mim) e ia para casa. No dia seguinte, lia de novo. Invariavelmente, ficava com vergonha e cortava adjetivos incômodos e grosserias desnecessárias. Só depois de eliminar tudo que soasse agressivo é que mandava a resposta para a frente.

Que mudança! Como melhorou o clima na empresa inteira! Se gentileza gera gentileza, civilidade gera mais boa vontade e engajamento, normalmente espontâneos, com a tendência de fazer todo mundo, de cima a baixo, vestir com orgulho a camisa da companhia e batalhar desvairadamente pelo sucesso do time.

Essa, no entanto, seria uma aula mais avançada no meu processo de aprendizagem. Mesmo sem ela, eu já fazia algumas lições de casa básicas e importantes. Desde que a Poit obteve os primeiros grandes contratos, passei a fazer festa para comemorar. Pelo menos uma vez por mês, convocava o pessoal para um belo churrasco no pátio da empresa, com carne boa, cerveja de monte, brindes, risadas, discursos, violão, cantoria, parabenizações, uma festança mesmo. Muitos laços de amizade, fraternidade e lealdade, sobretudo meus com os funcionários, se reforçaram nesses churrascos.

Sempre conversei muito com todo mundo, de preferência fora da minha sala, privilegiando o tom informal. Também desde o início, montei um refeitório para a equipe, com comida gratuita, cozinheiras maravilhosas (dona Alvina e dona Maria ficaram na memória) e sem aquela história, que considero surreal, de um cardápio para a diretoria e outro para o restante dos funcionários.

Na hora do almoço, eu fazia uma espécie de rodízio, num dia me sentando ao lado do motorista, no outro do gerente, depois dos técnicos da manutenção, a pessoa da administração, o colega do financeiro e assim por diante. O sistema, sem trocadilho, juntava a fome com a vontade de comer. De um lado, eu dava uma atenção merecida aos funcionários e, de quebra, conquistava o pessoal pelo estômago. Do outro, nessas conversas informais, ia sabendo de coisas que normalmente não chegariam oficialmente a mim, um problema aqui, uma solução esperta ali e coisa e tal.

Pensando agora, o fato é que passei a aplicar na vida pessoal o mote que sempre repeti aos funcionários, desde o início do escritório de engenharia até o momento em que vendi a Poit Energia: foco na solução, minha gente, não no problema.

Em toda reunião de que participei, cada tema — uma sondagem que não foi para a frente, a diminuição de negócios em Belo Horizonte, a demora para entregar gerador numa emergência — tinha tempo certo para ser tratado ali. Se cada questão levava dez minutos para ser analisada, eram dois de exposição do problema e oito para encontrar a solução. Sem negociação. Desculpa e justificativa nunca serviram para nada. O que interessa é resolver o problema e, se possível, não o repetir nunca mais.

CAPÍTULO 13

A Endeavor e a chuva de meteoros

Em 2002, atendi o telefone com o habitual tom de voz empolgado, pronto para resolver qualquer problema que viesse. Não conhecia a voz do outro lado da linha. De saída, deu para perceber que a pessoa não queria gerador. Dei aquela desanimada básica, uma vez que não era pouca a quantidade de gente que telefonava para pedir dinheiro: contribuição disso, afiliação naquilo, e doação e ajudinha a torto e a direito. Deu-se a seguinte conversa:

— Bom dia, meu nome é Makoto Yokoo, falo em nome da Endeavor.

— Que é isso?

— Uma entidade sem fins lucrativos de apoio ao empreendedor que está chegando ao país. Eu gostaria de conhecê-lo pessoalmente para...

— Quanto tem de pagar? — Já adiantei a conversa, cortando a explicação dele e pulando para a parte a que, mais palavra, menos palavra, aquele tipo de ligação costumava levar.

— Não, não é nada disso. Não tem que pagar nada. Na verdade, dependendo de como for, a gente quer te apoiar.

Já fazia muito tempo que eu tinha aprendido que não existia almoço grátis. Não acreditei muito naquela conversa, mas, ainda assim, senti que podia haver alguma coisa diferente ali. Falei então que tudo bem, venha aqui, vamos conversar. Ainda bem.

Baseada numa iniciativa da Universidade Harvard, nos Estados Unidos, a Endeavor ancora sua atividade na transmissão de conhecimento. Sua premissa é usar a experiência de empreendedores consagrados para inspirar quem está no início ou quer se aprimorar. Chegou ao Brasil chancelada e apoiada pela dupla Jorge Paulo Lemann e Beto Sicupira, então sócios na GP Investimentos, hoje na 3G Capital, na qual administram negócios cheios de marcas famosas, nacionais e globais, sobretudo no ramo de alimentação e bebidas, como Heinz, Brahma e Budweiser.

Então estudante de administração da Fundação Getulio Vargas de São Paulo, Makoto Yokoo era o segundo funcionário da Endeavor no Brasil, precedido apenas pela presidente, Marilia Rocca, hoje executiva renomada e membro do conselho de companhias importantes. Makoto recebera a missão de vasculhar o mercado nacional para detectar empreendimentos com o perfil que a Endeavor buscava.

Além de relativamente bem estruturada, com as contas em ordem, a empresa tinha de ser promissora. Não podia ser pequena a ponto de precisar de suporte nas coisas básicas nem tão grande que achasse que sabia fazer tudo sozinha. A ideia era que, juntando o talento do empreendedor com a orientação da Endeavor, essa empresa crescesse de uma maneira até então inimaginável.

Makoto se internou na Biblioteca Mário de Andrade, no centro de São Paulo, e leu centenas, talvez milhares, de reportagens do caderno de economia dos jornais e das revistas de negócios. Numa delas, na *Pequenas Empresas, Grandes Negócios*, encontrou uma matéria elogiosa sobre mim da época do apagão. Julgou que ali estava um bom candidato, entrou no site da Poit e ligou para o número do 0800. Foi assim que Makoto me achou.

Quando aquele japonês magrelo de 22 anos com a maior cara de menino entrou na minha sala, pus menos fé ainda de que podia sair algo de útil daquele encontro. Mas ele acabou mostrando que a Endeavor era séria, só tinha grandes nomes por trás, filosofia de Harvard, coisa fina mesmo. Falou ainda que eles eram exigentes na escolha de candidatos, que não era só chegar e ir entrando. Para ser adotado, o empreendedor precisava passar por três ou quatro etapas do processo de seleção.

Para tentar acabar com minhas dúvidas, Makoto me convidou a participar de um evento promovido pela Endeavor, a ser realizado em Salvador, na Bahia, com palestras de Abilio Diniz e Jorge Paulo Lemann. Boas palestras, gostei muito. Lemann falou, por exemplo, da importância de perseguir sonhos e que pensar pequeno dá o mesmo trabalho de pensar grande. Foi lá que ouvi pela primeira vez que gasto e despesa eram como unha, tinha de cortar sempre.

Aproveitando que eu estava ali na plateia das palestras em Salvador, mesmo com tudo indicando a seriedade da proposta, ainda perturbei o cara do lado com meu ceticismo:

— Escuta, tem certeza de que não tem maracutaia nessa Endeavor?

— Nãããão, imagina. Hoje o Abilio e o Lemann é que estão ali na frente. Mas eles estão procurando empreendedores que saíram do nada e construíram uma empresa legal na raça. Querem dar conselhos para essas pessoas crescerem mais e, depois, quando forem conhecidas, subirem ao palco para contar sua história e estimular outros empreendedores.

Então tudo bem, me convenceu. Entrei no processo de seleção, de fato rigoroso pra chuchu, avancei em cada etapa e cheguei ao final, me tornando um empreendedor Endeavor, palavra de origem inglesa com múltiplos significados, que abrange esforço, empenho e trabalho com foco definido, além do verbo empreender.

A partir daí, minha visão de negócios, a mentalidade empresarial, meu estilo de fazer as coisas, tudo isso e mais um pouco passariam por uma grande transformação.

Pouco a pouco, orientada pelo pessoal da Endeavor, a Poit deixaria de ser uma empresa que girava em torno de uma única pessoa, o *one-man show* que vos fala, o prestidigitador que fazia as honras da casa, malabarismo e equilibrismo, vendia pipoca e algodão-doce e ainda domava os leões. Também, mais tarde, eu passaria a me preocupar com coisas que antes soavam além da imaginação, como criação de um conselho consultivo, para me assessorar nas grandes decisões, ou adoção de normas de governança corporativa, conjunto de práticas que atesta ao mercado que a empresa é ética e faz tudo dentro da lei.

Pouco tempo depois de ser aprovado no processo de seleção, tive uma conversa sensacional de uma hora e meia com Beto Sicupira, na qual ele daria as primeiras pinceladas nesse quadro que esbocei. Na verdade, só pelo fato de ter uma conversa particular com Beto, mesmo que ele apenas me contasse a história da Chapeuzinho Vermelho, eu já acharia sensacional. Mas, nesse encontro, ele disse:

— Poit, escuta o que estou dizendo, você vai ficar muito grande, muita gente ainda vai querer te comprar. Se bobear, no futuro pode até lançar ações na Bolsa de Valores.

Imagine o que foi para o caipira da roça ouvir uma previsão dessas, saída da boca de um dos maiores empreendedores brasileiros de todos os tempos. Poxa, se ele acreditava nisso, quem era eu para duvidar? Passei a pôr fé naquilo também. Hoje, Makoto, Marilia Rocca e Beto Sicupira dizem que eu fui um dos melhores aprendizes da Endeavor. Com isso, não querem dizer que eu era melhor do que os demais; apenas que fui um dos que menos relutaram para acatar o que eles apontavam e aconselhavam.

Não é fácil para alguém que ergueu sua empresa do zero, fazendo tudo sempre do seu jeito, controlando cada clipe com rédea curta, de repente começar a delegar. Ver os outros introduzindo sistemas, métodos e procedimentos alienígenas aos quais você, ocupado com outras coisas, não dava a mínima importância é muito estranho. Do mesmo modo, mas de outro jeito, incomoda ver que aquilo que você tanto prezava, sobretudo a maneira familiar de se relacionar com os funcionários, com o tempo não será mais como antes.

Seja como for, a turma da Endeavor tinha bons argumentos a seu favor e, além disso, sabia como me induzir ao que interessava. Numa manhã de 2003, num encontro no escritório da Endeavor com Marilia e Beto, eles me fizeram uma pergunta:

— Poit, diz aí: quem é o empresário que você ainda não conhece e gostaria muito de conhecer?

Respondi de bate-pronto:

— Salim Mattar.

Tinha tudo a ver. Eu alugava geradores. Salim, dono da Localiza, alugava carros. Com sede em Belo Horizonte, a empresa já era a maior locadora da América do Sul, com 25 mil veículos no catálogo (em 2018, chegou a 200 mil). Pouco depois, Marilia e eu pegaríamos um avião para Minas Gerais.

Salim é um homem enérgico, com aperto de mão firme e voz forte. Assim que sentamos na sala dele, Marilia, que também não o conhecia pessoalmente, falou um pouco do trabalho da Endeavor, contou o que eu fazia e esperou Salim se manifestar. O homem me olhou nos olhos e, com um vozeirão, perguntou:

— Explica isso aí melhor: por que quer mesmo me conhecer?

— Bem, trabalhamos no mesmo ramo, o senhor tem uma locadora de carros...

Nem terminei a frase. Salim me cortou, com um tom de voz mais alto e firme do que o habitual:

— Locadora de carros?! Nada disso, você não me conhece. Meu negócio não é alugar carros. Vamos começar tudo de novo. Levanta daí, volta até a porta, chega outra vez, me cumprimenta e pergunta o que faço.

Levei um susto, fiquei desnorteado com aquela reação. Ainda esperei que Salim sorrisse, dissesse que era brincadeira, mas não aconteceu. O homem falava a sério. Morrendo de vergonha, fiz o que ele exigiu. Levantei, apresentei-me de novo e perguntei o que a Localiza fazia. A resposta:

— A essência do negócio é *asset management*.

— O que é isso? — Era a primeira vez que ouvia aquilo, não fazia ideia do que podia ser.

— Gestão de ativos. Engenharia financeira. Primeiro, compro carros mais barato na montadora com um bom desconto. Aí alugo, usando a garantia de fábrica, sem gastar com oficina. Depois vendo nas minhas lojas de carros usados, normalmente financiando, com juros. Por fim, pego esse dinheiro e compro mais carros na montadora, fazendo a roda girar de novo. Aluguel de carro é só o meio. O segredo, o coração do negócio, está no *asset management*.

Depois dessa primeira reunião, Salim me adotou. Passei a encontrá-lo umas quatro vezes por ano para ouvir conselhos. Hoje, ele é meu amigo, uma das pessoas que mais me ajudaram e com quem estou em dívida até agora. Além da diferença entre engenharia elétrica e engenharia financeira, o que aprendi nos nossos encontros deve equivaler a pelo menos umas dez pós-graduações em gestão.

A fala de Salim foi revolucionária para mim. Aquela história de misturar prestação de serviço com finanças era uma descoberta instigante, a ponta de lança de um processo pelo qual, mais tarde, eu perderia o medo de me arriscar em coisas que temia. A conversa também serviu para reforçar a tese de que cada empresa é uma empresa, e o que funciona para uma não necessariamente serve para outra.

A exemplo de Salim, tentei de todo modo usar a engenharia financeira para comprar gerador novo numa ponta para depois vender usado na outra, mas não deu certo. Gerador é muito diferente de carro. Para começar, havia a questão da escala. Salim comprava aos milhares, eu às dezenas. Além disso, consumidor normal não compra gerador. Quem faz isso é empresa.

Para a Localiza, não importa quem ficou com o carro usado. Mas, para a Poit, quem havia comprado afetava o negócio principal. Eu vendia um gerador usado para alguma empresa de São Paulo e, quando ia ver, ele tinha ido parar num concorrente de Campo Grande. O gerente da filial da Bahia telefonava para contar que tinha visto numa obra um lote de geradores recém-vendidos, aqueles com padrão Poit, ainda com o adesivo da empresa na lateral. No Brasil era impossível repassar, virava munição para a concorrência, era um verdadeiro tiro no pé.

A saída era tentar no exterior. Pensei em vender em outros continentes, como na África, que em muitos locais sofre com abastecimento de energia, mas o plano não foi adiante. Mais tarde, numa visita ao escritório da Aggreko em Dubai, descobri que por lá eles simplesmente destruíam os geradores usados. Era mais negócio virar sucata do que correr o risco de entregar o ouro aos bandidos. Passei a fazer isso aqui no Brasil, esquartejando o equipamento, quase sempre reaproveitando peças para manutenção.

Ainda em 2002, em outra conversa com Beto Sicupira, ele me aconselhou a fazer o mesmo que ele fizera vinte anos antes, em 1982, quando o GP comprou as Lojas Americanas. Na época, para aprender mais como aquele tipo de negócio funcionava, Beto mandou cartas para os presidentes das dez maiores empresas de varejo do mundo. Nelas, na cara e na coragem, se convidava para fazer uma visita a eles. Entre as respostas que recebeu, estava a do lendário Sam Walton, fundador do Walmart, principal rede de lojas dos Estados Unidos, de quem se tornaria amigo.

Era um plano do jeito que gosto, simples e bão. Com a ajuda do meu professor de inglês, escrevi um texto caprichado, apresentando a Poit e dizendo que tinha o maior interesse em conhecer o negócio deles de perto. Em vez de enviar por correio, como Beto Sicupira, mandei tudo por e-mail. No meu caso, só um respondeu, justamente o que mais me interessava: Philip Harrower, então presidente mundial da Aggreko, o líder global. Iniciamos aí uma troca de mensagens. Soube então que a companhia já vinha pensando em entrar no Brasil. Tinha até contratado uma pessoa para sondar o mercado.

Em 2003, visitei Harrower nos Estados Unidos, em New Iberia, pequena cidade do estado da Louisiana com 30 mil habitantes, um enorme campo de golfe e então quartel-general da empresa. Diante dele e do presidente da Aggreko nos Estados Unidos, fiz sozinho, em inglês, uma bela apresentação da Poit, cheia de gráficos lindos que aprendi a construir com o pessoal da GE que esteve na minha empresa no ano anterior, na malfadada tentativa de compra.

Harrower pareceu gostar tanto da minha exposição que tomei coragem e o convidei a viajar a Diadema para visitar a sede da Poit. Ele não só aceitou o convite como veio!

Nessa época, a Aggreko estava acabando de contratar um executivo brasileiro, Diógenes Paoli Neto, para criar a operação da companhia na América Latina. Junto com ele, o presidente mundial da Aggreko passou dois dias no Brasil. Conheceu cada sala da minha empresa, andou pelo pátio, olhou caminhões e geradores e também assistiu a uma apresentação minha ainda mais incrementada, que enfatizava bastante a curva meteórica do meu faturamento e uma margem de lucro de dar inveja a qualquer um. Foi embora dizendo que mandaria notícias.

E vocês não vão acreditar. Pouco depois, sem que tivesse dito nada a respeito disso na visita ao Brasil, Harrower me enviou um e-mail no qual, sem cerimônia, encerrava a fase de troca de cortesias e pulava direto para o assunto principal. O cabeçalho da mensagem não deixava espaço para dúvidas: "Proposta oficial de compra da Poit". A Aggreko ainda precisaria confirmar uma coisa aqui e outra ali, mas, se eu aceitasse, podia já ir preparando a entrega das chaves. Valor do negócio: 10,5 milhões de dólares!

Sem consultar ninguém, respondi ao e-mail dando sinal verde. Obviamente fiquei felicíssimo, comemorei em casa, contei para os parentes, mas o fato é que, depois da GE, eu já estava escolado. No ano anterior, no dia seguinte à assinatura da carta de intenção com Abraham Minter, eu havia ido a uma loja de eletrônicos em Nova York e comprado por conta um Palm Pilot, filho da agenda eletrônica e avô da agenda no celular, e também um notebook supermoderno. Paguei o maior mico por contar com o ovo dentro da galinha, isso sem falar no vexame de, mais tarde, ter de revelar à família que o negócio não tinha dado certo.

Dessa vez, assessorado por um conselheiro indicado pela Endeavor, exigi uma carta de intenção à prova de falhas. Se a Aggreko desistisse do negócio por alguma mudança estratégica, troca de presidente ou qualquer outra decisão corporativa, eu receberia uma multa polpuda. Só existia uma única possibilidade de cancelamento do acordo sem previsão de multa: se a cotação do dólar passasse de três reais.

Aceitei essa cláusula na maior tranquilidade. Na época, em abril de 2002, um dólar valia 2,30 reais. Havia mais risco de uma chuva de meteoros ameaçar o negócio do que o dólar se valorizar 30% nos seis meses previstos entre a emissão da carta de intenção e a assinatura do contrato definitivo.

Pois há situações na vida em que só falando muito palavrão para expressar como você se sentiu. Em maio de 2002, Luiz Inácio Lula da Silva, então candidato à presidência da República, começou a subir muito nas pesquisas. Inúmeros empresários e o mercado financeiro ficaram alarmados, achando que o Brasil ia ser pintado de vermelho.

O resultado é que o dólar disparou. Em apenas quatro meses, não só quebrou a barreira dos três reais como chegou a 3,20, sendo que, em 10 de outubro, pouco depois da confirmação de Lula no segundo turno, bateria nos quatro reais, uma valorização de quase 75% em relação à data da carta de intenção. Com isso, o negócio estava oficialmente inviabilizado, sem direito a nenhum tipo de compensação.

I-na-cre-di-tá-vel! Com tudo na mão, com tudo certo, a chuva de meteoros caiu na minha cabeça. Mais uma vez dancei em grande estilo.

Meu irmão Edson e eu (à esquerda) no colo de nossa mãe, em frente à casa de madeira e sem energia elétrica onde nascemos, na zona rural de Osvaldo Cruz (SP).

Zona rural onde nascemos, meu irmão e eu.

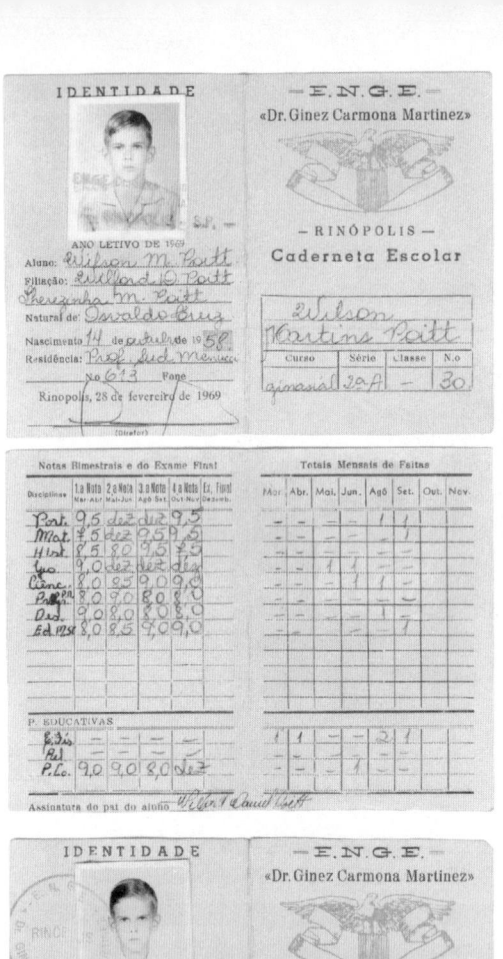

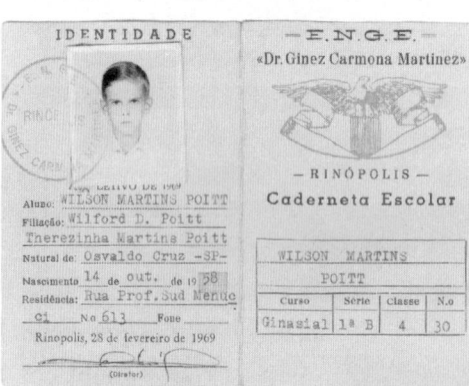

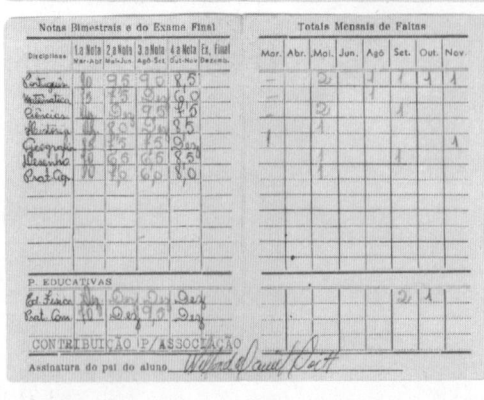

Formatura da oitava série (antigo primeiro grau) em Rinópolis, em 1972.

Primeira bicicleta, comprada com dinheiro que juntei vendendo sorvetes com meu irmão em Rinópolis (SP).

Boletins escolares.

Meu irmão e eu (de pé) por volta de 1974, em Rinópolis.

Meu irmão, minha mãe, meu pai e eu, na garagem da casa nova que meu pai construiu em Rinópolis em 1973, com o primeiro carro dele ao fundo.

Estudando na república onde morava em São Bernardo do Campo, perto da FEI, em 1977.

Já formado engenheiro, logo após deixar o primeiro emprego na multinacional e começar a empreender, em 1985.

No sítio que produzia manga háden, em Rinópolis, uma de minhas experiências empreendedoras, por volta de 1994.

O caminhão número 1: aquele que deu muita sorte e que eu guardo até hoje.

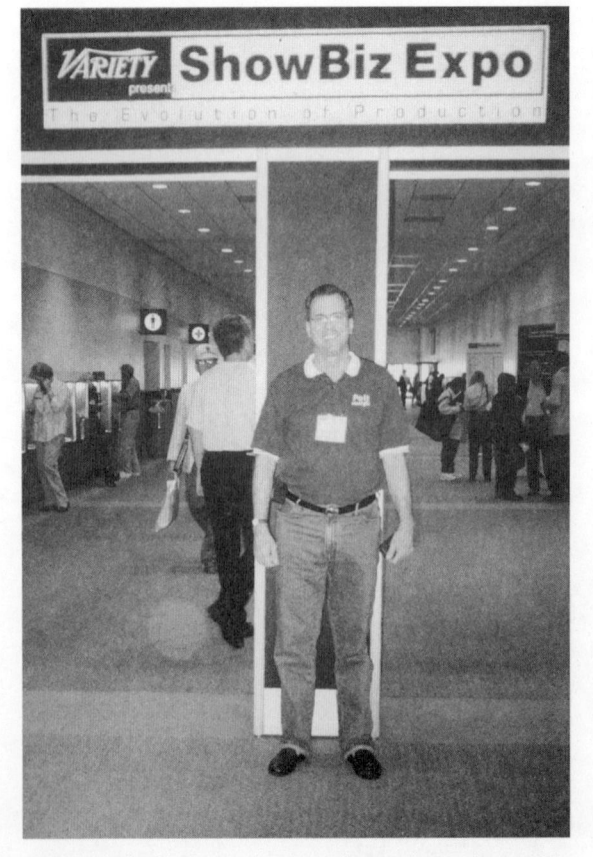

Na feira ShowBiz, em Los Angeles: primeira viagem internacional para pesquisar o mercado mundial de geradores, em 1998.

Um de meus primeiros caminhões, em visita ao supermercado de meu pai em Rinópolis, no início da Poit Energia, no começo dos anos 2000.

Caminhão carregado com televisores que seriam usados para presentear todos os funcionários da Poit Energia, numa surpresa planejada para a festa de confraternização de final de ano, por volta de 2000.

Galpão da Poit Energia na rua Solimões, em Diadema, cerca de 2003: a frota estava crescendo.

NEGÓCIOS   EMPREENDEDORES

ENERGIA PARA ALUGAR

FORÇA MOTRIZ *Em quatro anos, engenheiro construiu empresa que fatura R$ 4,8 milhões anuais explorando um novo nicho de mercado*

O jeito tímido de sorrir e de falar esconde um empresário muito atento às oportunidades de negócios que surgem ao seu redor. Foi assim, de antena ligada, que o engenheiro Wilson Martins Poit transformou uma pequena empresa de engenharia elétrica, que faturava algo em torno de R$ 10 mil por mês, num empreendimento que não pára de crescer e, quatro anos depois de fechar o primeiro contrato, fatura R$ 400 mil mensais. A Poit Energia trabalha com locação de geradores de energia elétrica para shows, filmagens, jogos de futebol, rodeios, feiras, indústrias, hospitais e postos avançados de telefonia celular.

O salto de um segmento para outro não aconteceu por acaso. A empresa de engenharia elétrica, então com oito empregados e 14 anos de mercado, tinha uma boa carteira de clientes, sobretudo na área de shows e eventos de entretenimento em geral. De tanto freqüentar esses espetáculos e observar o movimento de bastidores, Wilson Poit percebeu que os serviços prestados pela maioria das locadoras de geradores deixavam a desejar.

OVO DE COLOMBO – "Faltavam no mercado mais empresas que oferecessem ao cliente um pacote completo, do transporte do gerador ao abastecimento de óleo diesel e à manutenção 24 horas, e não apenas locação", afirma. Aproveitando a brecha e também os contatos profissionais, Poit foi à luta. Comprou o seu primeiro gerador de energia elétrica e, em fevereiro de 1997, já havia dado uma guinada como empreendedor.

POIT, da Poit Energia: trabalho, experiência e um pouco de sorte.

Durante o primeiro ano, os contratos firmados eram todos na área de eventos. Eram bons clientes, mas o tino para os negócios e a experiência como engenheiro apontavam para um horizonte maior. Foi assim que, quando começaram as privatizações no setor de telecomunicações, Poit detectou um nicho a ser explorado. "Os postos de recepção e transmissão de sinais de telefonia celular estão em localidades remotas e precisam de uma forma alternativa de geração de energia elétrica para funcionar. A partir daí, abrimos mais uma frente de negócios", afirma.

Além do pacote completo de serviços, ele investiu em geradores do tipo supersilencioso. "Nem todos os locadores oferecem esse tipo de equipamento, embora eles sejam os mais solicitados por organizadores de shows e também por empresas localizadas em área urbana, preocupadas em evitar problemas com a vizinhança por causa do ruído das máquinas", comenta.

Atenção ao meio ambiente é uma outra característica da Poit Energia. "Todo o óleo lubrificante utilizado segue para reciclagem e os panos com que limpamos as máquinas são encaminhados para tratamento em lavanderia especializada e reutilizados, em vez de serem descartados", informa Poit. "Os clientes valorizam cada vez mais esses cuidados", acrescenta. A vocação para os negócios e a percepção de que o cliente satisfeito é o melhor aliado do empresário, são herança de família. Wilson Poit nasceu na zona rural de Rinópolis, no interior de São Paulo, onde seus pais eram agricultores. Quando se mudaram para a cidade, o pai comprou uma máquina de beneficiar arroz, pediu a ajuda do filho e, em troca, ensinou-lhe o que sabia. "Com ele, aprendi que colocar cem gramas a mais no quilo de arroz não pesa no bolso de quem vende e traz o cliente de volta. Aprendi também que para vencer é mais importante aumentar as vendas do que cortar custos."

PERFIL
EMPRESA Poit Energia
TIPO DE NEGÓCIO Aluguel de geradores e engenharia elétrica
ANO DE FUNDAÇÃO 1997
SEDE Diadema (SP)
Nº DE FUNCIONÁRIOS 48
FATURAMENTO BRUTO ANUAL R$ 4,8 milhões

Amante de uma boa pescaria, Wilson Poit dedica apenas uma semana por ano ao seu esporte preferido. Dificilmente tira férias porque, como diz, o seu grande prazer está no trabalho. Tranqüilo como todo pescador, ele não se abalou quando, em 1997, foi sondado para fechar um negócio que exigia um investimento pesado. Ao câmbio atual, seria algo em torno de R$ 1,6 milhão, na aquisição de 30 geradores pequenos e um de grande porte. Em vez de recorrer a empréstimo bancário, ele preferiu negociar um financiamento direto com os fabricantes. Em um ano havia pago todas as prestações.

Com 48 empregados, a Poit Energia, sediada em Diadema (SP), tem filiais no Rio e em Brasília. Possui uma frota de 40 caminhões, 150 geradores para alugar e uma carteira com cerca de 200 clientes. Satisfeito com os resultados, Wilson Poit repete uma frase do pai: "Oportunidades aparecem para todos. Sorte nos negócios acontece quando a oportunidade passa perto de uma pessoa preparada". ■ THEREZA MARTINS

10 Fazer direito vale a pena

"Às vezes você não precisa ter uma grande ideia. Basta fazer melhor algo que já existe", afirma **Wilson Poit**. Fundada em 1999, a Poit Energia aluga geradores para eventos diversos. O serviço inclui a instalação de abafadores de ruído, cabos, conectores e painéis de controle. Providencia ainda o transporte, a montagem e a assistência técnica. Hoje a Poit Energia já expandiu suas atividades para a Argentina, o Chile e o Peru. Mas, para o empresário, ser melhor que a concorrência não se restringe à parte operacional. "É preciso auditar desde cedo a empresa, fazer tudo de forma limpa, pagar direito todos os impostos e ter consciência ambiental. Essas preocupações atraem clientes e investidores", diz ele. "É preciso saber como apresentar a empresa. Até uma joia fica feia se é embrulhada em jornal."

Revista *Veja*: reconhecimento em 2011, pouco antes de vender a empresa.

Recebendo o prêmio de melhor *case* da Endeavor no Brasil em quinze anos. Cerimônia realizada na Casa Fasano, em 2015.

CAPÍTULO 14

Mudança de mentalidade

Em 2003, nada menos do que três fundos de investimento tentaram comprar uma participação na Poit, o que evidenciava uma importante mudança de patamar da companhia aos olhos do mercado. Veja: se uma empresa da mesma área quer ficar com seu negócio, isso pode ter várias finalidades. Pode ser a porta de entrada no país para uma multinacional ou o meio mais rápido de um concorrente dobrar de tamanho. Um rival mais agressivo pode simplesmente querer tirá-lo do caminho, comprando a empresa para acabar com ela.

Mas, quando um fundo de investimento cobiça parte de seu empreendimento, isso só significa uma coisa: parabéns, você entrou no seleto clube de negócios que têm potencial para crescer e, sobretudo, boa chance de dar bastante lucro a quem apostou no seu cavalinho. Concorrentes quase sempre compram para manter. Já o único objetivo dos fundos é adquirir barato agora para vender muito caro depois.

No mundo dos negócios, o mercado se comporta como se estivesse numa festa de adolescentes. Se ninguém olha ou se interessa por uma pessoa, na prática ela não existe. Mas, se alguém olha, o outro dá uma piscada, mais alguém chega para conversar, outros dois vêm se aproximando, o pessoal rindo cada vez mais, daqui a pouco todos estão querendo participar daquilo. Você vira a festa.

Durante dez anos, entre 2002 e 2012, considerando abordagens de fundos e de concorrentes, a Poit recebeu tantas sondagens que perdi as contas. A maioria não passava de um, dois ou três telefonemas, mais para sentir a temperatura da água do que para entrar na piscina. Mas, em pelo menos oito ou nove vezes, as investidas foram sérias.

Apenas a Aggreko, por exemplo, me abordou em cinco ocasiões. Em mais de uma delas, jogou pesado, ameaçando até abrir fogo. Houve momentos, por exemplo, em que, nas entrelinhas, o discurso podia ser entendido como:

— Veja, Poit, se não vender para a gente, nós vamos comprar outra empresa para entrar no Brasil e então liquidar você.

Ao contrário do que eles esperavam, aquilo não me impressionava. Eu encarava a ameaça como palavras ao vento, uma maneira meio truculenta e desastrada de forçar uma situação. Mas a montanha de dólares que a Aggreko acenava, isso sim, me impressionava e também me tentava. Desde a proposta da GE, dois anos antes, eu não só tinha gostado da ideia de vender como sabia que, mais dia, menos dia, isso finalmente ia acontecer.

Minha cabeça, no entanto, vivia cheia de perguntas. E se a Aggreko se cansar do jogo e desistir de mim para sempre, como a GE? Sim, hoje havia mais interessados, mas quem disse que eles me queriam tanto quanto a Aggreko? E se eu vendesse para ela e logo depois aparecesse um fundo oferecendo bem mais? Eu não sabia qual direção seguir, estava sempre em dúvida, oscilando entre vender e não vender, e para quem vender.

Quando falei de uma das investidas da Aggreko a Beto Sicupira, ele deu esta resposta:

— Poit, não cai nessa conversa, não. Gringo fala mais do que faz. Mesmo que eles venham para cá, vão fazer tudo errado. Vão se atrapalhar com a empresa que compraram, vão contratar as pessoas erradas, não vão se entender com o mercado brasileiro. Em suma, vão perder muito dinheiro. E aí vão te procurar de novo para tentar comprar mais uma vez sua empresa, propondo pagar muito mais do que antes. Pode apostar nisso. Não vende agora.

Mais uma vez, se ele realmente acreditava naquilo, eu não tinha por que duvidar. Por isso, em grande parte pelos conselhos da Endeavor no geral e de Beto no particular, acabei mesmo não vendendo nas primeiras quatro investidas da Aggreko.

Com os três fundos de investimento que me namoraram em 2003, também fiquei no meio do caminho. A primeira oferta chegou pelas mãos do TMG Capital, de São Paulo, consultoria que indica negócios e assessora investidores. O segundo fundo estava atrelado ao Bank Boston, potência bancária dos Estados Unidos. O terceiro possível investidor, por incrível que pareça, foi o próprio GP, de Jorge Paulo Lemann, patrono da Endeavor, e Beto Sicupira, um dos meus grandes mentores.

Na saída de uma reunião no escritório do GP para tratar da proposta, Beto me abordou no corredor e disse rapidamente, falando baixo, vestindo mais a camisa da Endeavor do que a de sócio de fundo de investimento:

— Que ninguém me ouça. Se você falar que eu disse isso, vou negar. Mas o negócio é: não vende, Poit, não vende para nenhum fundo de investimento, nem para nós. Você ainda é pequeno, tem muito para aprender e para crescer, pode valer umas dez vezes mais do que hoje. Faz o que estou dizendo. Não vende. Pelo menos não enquanto a empresa não atingir seu limite de endividamento.

Em 2003, a Poit encerraria o ano com cem funcionários, cinquenta caminhões, 250 geradores, faturamento de cerca de 8 milhões de reais e a habitual margem de lucro de 40%. Para mim, o cara da roça, aquilo era uma conquista infinita. Mas aos olhos de um empreendedor que era sócio controlador das Lojas Americanas e de cervejarias como Brahma e Antarctica, a Poit era minúscula. Eu levava um ano para faturar o que o GP contabilizava em dias. Mais do que me sentir diminuído, a recomendação dele me dava esperança de um dia valer ao menos centenas de milhões de reais.

Ao negociar com os três fundos, abri as portas da Poit para vários consultores, analistas, economistas, avaliadores, *due diligences* com devassas contábeis, fiscais e tributárias. Eles citavam tantos números que parecia que sabiam do meu negócio mais do que eu. Alegavam que aquela era a hora certa de a empresa receber um grande investidor, que eu podia perder o bonde se não aceitasse. Mas aquele "não vende" de Beto Sicupira ficava ecoando na cabeça e, de novo, por uma razão ou por outra, acabei não fechando nenhum acordo com os três fundos.

Mesmo sem receber tostão algum, tantas negociações acabaram sendo muito proveitosas. Aprendi um bocado, fosse tratando com concorrentes ou com potenciais investidores. Cada vez que a Aggreko se manifestava, eu tinha mais um motivo para visitar as filiais da líder mundial no exterior, vendo como eles faziam as coisas por lá. Com os fundos, fui prestando cada vez mais atenção em como eles encaravam as coisas pelo viés financeiro, com a tendência de cortar tudo que não gerasse receita e só gastando se isso fosse levar a mais lucro.

Não havia dia em que eu soubesse menos do que no dia anterior. Mesmo assim, sobretudo em reuniões com os mentores da Endeavor, eu sentia nos olhos das pessoas que elas enxergavam um futuro para a Poit que eu ainda não tinha captado completamente. Eu perguntava o que vinha pela frente e eles pediam calma. Com o tempo e a sequência de encontros com os mentores, fui entendendo o que ainda faltava. Não esperava que a lista fosse tão grande. Eles me diziam:

— Você precisa, por exemplo, aprender a desapegar. Você ainda é muito centralizador, tem de delegar mais. Também não tem muito sentido ter sede própria. Na verdade, nem tantos caminhões, que custa caro manter. Dá muito bem para ter sede alugada, terceirizar os caminhões e usar o dinheiro para comprar mais geradores. Além disso, se só ficar financiando equipamentos com fabricantes, você vai demorar muito para crescer. Só vai acelerar mesmo no dia em que aprender a fazer dívida de verdade usando linha de crédito especial.

Por mais que tivesse o maior orgulho de ter sede própria, a primeira parte entendi fácil. Tinha o maior sentido. Era só fazer as contas. Aluguel podia ser um negócio melhor para o locatário do que para o dono do imóvel. Historicamente, a taxa de retorno de um imóvel alugado de 1 milhão de reais é de cerca de 0,8% ao mês, algo como 95 mil reais por ano. Se vendesse o imóvel e aplicasse na poupança, cuja rentabilidade estava em pouco mais de 11% em 2003, eu só receberia uns 55 mil reais. Péssimo negócio. Mas, se aplicasse tudo em geradores, considerando que a margem de lucro da Poit nunca foi inferior a 30%, os 95 mil viravam no mínimo 150 mil. Excelente negócio.

A parte difícil de assimilar era aquela história de fazer dívida. Cresci ouvindo que empréstimo bancário era uma armadilha da qual poucos fugiam. O interior está cheio de casos de famílias que perderam tudo por causa dos juros de empréstimos que não conseguiram pagar. Além disso, meu próprio pai se ferrou por causa de dívida de banco nos tempos da lavoura de café.

Certo dia, para me deixar ainda mais com a pulga atrás da orelha, um economista de fundo de investimento afirmou com segurança inequívoca:

— Poit, quanto mais endividada for sua empresa, mais ela valerá.

Poxa, o pessoal só podia estar de brincadeira comigo. Como assim?

— É isso que o mercado acha lindo. Só empresa pequena, que nunca vai entrar no radar, é que não tem dívida. Empréstimo é coisa de gente grande. Se fez dívida é porque tem ambição, investiu, comprou máquinas e equipamentos, construiu fábricas, abriu filiais, contratou, deu emprego, fez a roda da economia girar.

Eu podia até entender, mas não era uma ideia confortável para quem associava dívida a bomba-relógio. Ainda demoraria anos para aprender, e aceitar, que se endividar podia ser uma coisa boa. Aquilo tinha limite, claro, mas, de maneira geral, era como colocar água na planta — sendo que, da mesma forma que a quantidade de água varia para cada planta, cada tipo de empresa tem uma capacidade diferente de endividamento.

Seja como for, pode-se dizer, em linhas gerais, que, se a dívida for mínima, a flor tende a crescer pouco ou definhar. Se colocar muito, se a água não parar de jorrar, até árvore apodrece na enxurrada dos juros. Mas, se regar na porção certa, o cenário é outro. Se ficar naquele limite de endividamento do qual meus conselheiros falavam, aí sim a planta viceja e passa a ser vista como um espécime saudável que agrada ao mercado.

No caso da Poit, o ideal, no futuro, seria isto: se minha geração de caixa anual fosse, por exemplo, de 5 milhões de reais, o total da dívida deveria girar em torno de 10 milhões. Ou, no jargão dos fundos de investimento: uma dívida igual a dois Ebitdas.

Eram várias maneiras de dizer sempre a mesma coisa: Wilson, se você quer mesmo crescer, precisa realmente mudar sua maneira de pensar.

CAPÍTULO 15

Novas frentes

Por três anos, entre 2004 e 2006, desencanei de vender a empresa. Voltei às origens, aproveitando cada brecha para fazer o negócio crescer, mas agora com uma motivação diferente: se tantos concorrentes e fundos de investimento achavam que a Poit era uma empresa boa, pois então eu ia trabalhar para torná-la melhor ainda, mais promissora e atraente para o mercado.

Seria o plano perfeito se tudo continuasse como antes. Mas o cenário tinha mudado e novos contratos já não eram assinados em ritmo vertiginoso. Um pouco disso, reconheço, foi minha culpa. Com tantas chances de vender a empresa em 2003, tirei um pouco o pé do acelerador. Aquele foi um momento muito ruim para fazer isso.

A fila de locação de geradores provocada pelo bug do milênio e pelo apagão já tinha acabado havia tempos. A onda da rede da telefonia celular continuava boa para surfar, embora não tão encorpada como de início. Depender só dela, no entanto, e também da clientela habitual, de emissoras de TV, indústrias, shoppings e eventos, não me faria ir muito além. Eu precisava de novas frentes. A questão era onde achar as danadas. Enquanto outra onda não vinha, se é que isso voltaria a ocorrer, fui me virando como podia.

Para começar, intensifiquei o uso da publicidade barata com iniciativas básicas, porém espertas. Ao ser contratado para fornecer gerador ao programa *Sai de Baixo*, da Globo, por exemplo, estacionei o caminhão na porta do teatro. Todo mundo via aquele "Poit Energia" azul na lateral do gerador e, mesmo sem prestar muita atenção, o nome da empresa ficava gravado em algum canto da memória, só aguardando para ser acessado em caso de necessidade.

Em obras de construção civil, além do "Poit Energia", os geradores exibiam adesivos com o número do telefone bem grande. Aquilo funcionava como uma espécie de outdoor ao nível do solo. Vira e mexe, sobretudo no horário de pico, quando todo mundo fica preso no trânsito, alguém via aquilo e ligava perguntando sobre gerador. Fechei vários negócios assim.

Uma tática como essa, no entanto, engordava o faturamento, mas não era suficiente para aumentar o poder de atração junto aos investidores. Para tentar mudar isso, comecei a me mexer para ir atrás de negócios em outras capitais, sem esperar que caíssem no meu colo, como ocorrera no Recife, no Rio e em Brasília na esteira do boom das telecomunicações. Na sede, orientei o pessoal de vendas a se esforçar para desencavar novos clientes e a equipe da operação a caprichar ainda mais na execução dos serviços. Para tudo ficar redondo, também intensifiquei a comunicação com os funcionários.

Nessa época, já fazia tempo que, em toda segunda-feira, eu passara a promover uma reunião matinal para sistematizar a troca de informações, definir metas e cobrar resultados. Era ali que eu orientava todo mundo a, por exemplo, entregar um pouco além do pedido, a dúzia de catorze laranjas, o quilo de arroz ou batata com cem gramas a mais com o qual meu pai fazia os clientes voltarem.

Na época, com aproximadamente trezentos geradores no catálogo, a Poit podia se dar ao luxo de aumentar a dose de generosidade. Como nos hotéis, o sucesso de uma empresa de locação se mede pela taxa de ocupação. Num fim de semana, se eu locasse 70% dos geradores, estava ótimo. Com 30% do estoque parado, se o cliente ligava para dizer que achava que a máquina alugada não ia aguentar o tranco, eu mandava mais um gerador por conta da casa. Às vezes, até dois sem cobrar nada. Era mais vantajoso os geradores passarem o fim de semana com clientes muito felizes, que depois alardeariam aquilo ao mercado, do que no pátio da empresa.

À medida que a Poit foi crescendo, ficou inviável sentar individualmente com cada funcionário para falar da sua importância no sucesso da equipe. Mas eu não podia deixar o pessoal sem atenção. Para me fazer mais próximo, criei uma versão televisiva das reuniões de segunda-feira. Assim, a partir de 2007 todo funcionário podia me acompanhar pela TV Poit, programa quinzenal ao vivo com duração de uma hora e meia, transmitido por satélite e recebido em todas as filiais, inclusive no Chile, por antenas parabólicas.

Ali, eu era um pouco de tudo: apresentador, arauto de novidades, palestrante e motivador. Diante da plateia de funcionários da sede de Diadema, fazia breves preleções, expunha de maneira geral a situação da empresa, o que estava em jogo, reforçando a necessidade de um bom trabalho individual. Procurava sempre dar notícias boas, anunciando novos contratos, repassando elogios dos clientes, não raro citando em cadeia nacional o nome de alguém que havia se destacado. Por fim, apresentava as metas a serem batidas, reforçava que precisávamos nos desafiar para aumentar o volume de negócios e desejava boa sorte a todos.

Treinamento e motivação são pontos críticos em toda empresa. Mas, na hora em que você está precisando de gás, se tornam mais fundamentais. Sem isso, meu amigo, tenha certeza de que o futuro não será tão promissor. Veja o simples exemplo da padaria com duas filiais. Ambas têm a mesma máquina de café, o mesmo pó. Mas o expresso de uma não é igual ao da outra; um fica cremoso e encorpado, o outro desbotado e ralo. A única coisa que explica a diferença é treinamento.

Por mais simples que seja a tarefa, se não forem treinados à exaustão, os funcionários não vão reter procedimentos fundamentais, a natureza do negócio, a razão do bom atendimento, a filosofia da empresa. Mas, mesmo que o treinamento seja eficiente, se o líder não injetar motivação no cotidiano, os funcionários tendem a perder ânimo e garra na hora de vestir a camisa da equipe. Se não forem valorizados pelo chefe, podem se sentir no direito de retribuir na mesma moeda, empenhando-se menos do que poderiam, pagando o descaso da liderança com a indolência na operação.

A ideia de criação da Poit Energia, como se viu, nasceu de um atendimento ruim. Aquele motorista desinteressado que entregou o gerador com serviço incompleto me irritou. Sua atitude poderia ser um caso isolado. Mas a experiência mostra que o maior responsável por um serviço ruim não é a pessoa do balcão, e sim o superior que não se preocupou em orientar o subordinado a fazer o melhor possível.

Dá desespero ver a quantidade de funcionários bem-intencionados que se veem alvo da ira do cliente por seguirem orientações burras, sobretudo no varejo. Que sentido há em não dar desconto na loja se no site da empresa está 20% mais barato do que na prateleira? Pedir RG para o senhor de cabelo branco provar que é maior de idade ao comprar cerveja? Em atendimento, um bom treinamento é uma bela vantagem competitiva, mas não há salvação se as normas são burras. A coisa parece fácil, mas o dia a dia de toda e qualquer empresa prova que não é bem assim.

Contratação é outra coisa complicada. Houve época em que era mais simples. Sempre me dei bem com gente do interior, pessoas que não tinham tanta opção de trabalho na cidade natal e que davam o sangue na capital. Com o tempo, esse pessoal foi rareando, ficando no passado, como as noites de seresta e viola em torno da fogueira.

Na esteira da evolução tecnológica, hoje todos na roça têm celular, internet e TV moderna. Com isso, o povo está mais interessado em novela, WhatsApp e Facebook do que em seguir a tradição dos seus avós. Ou em aproveitar o conforto do lar do que se aventurar na capital. É excelente que todo mundo se preocupe mais com qualidade de vida do que antes. Mas só isso não basta para explicar por que parte significativa da nova geração não mergulha de cabeça no trabalho.

Tenho certeza de que meu pai errava quando dizia que pai bom gera filho ruim, e vice-versa. Mas também desconfio que muitos de nós, que viemos do nada ou trabalhamos demais, erramos quando mimamos os filhos. É compreensível que muitos pais queiram compensar sua ausência com presentes ou dizendo "sim" quando seria melhor falar "não". Mas é fato que, em algum ponto do caminho, perdemos a mão. O mundo é cíclico. No momento, estamos em baixa. Como dizem por aí: tempos difíceis produzem homens fortes. Homens fortes produzem tempos fáceis. Tempos fáceis trazem homens fracos. Homens fracos trazem tempos difíceis.

Faz anos que inúmeras corporações, antes o sonho de consumo de universitários, penam para conseguir estagiários. Muitos jovens não querem trabalhar até tarde ou em fins de semana. Se não forem com a cara do chefe ou receberem tarefas que lhes parecem irrelevantes, pedem demissão sem peso na consciência, partindo em busca de algo que combine mais com eles em outro lugar.

Numa empresa de prestação de serviços como a Poit, esse, digamos, novo espírito de parte da juventude assombrava ainda mais. Eu tinha impressão de que vários jovens consideravam servir o outro como coisa menor, quase uma afronta pessoal. Não tinham boa vontade, perdiam a paciência com clientes numa emergência, eram arrogantes quando deveriam ser humildes. Eu poderia dar muitos exemplos, mas basta dizer que esse pessoal dava a impressão de não gostar de gente ou de problemas, sendo que existimos para nos relacionar e, de um jeito ou de outro, também para resolver problemas.

Não raro, quanto mais preparado o candidato, menor a humildade. No início da década de 2000, grandes empresas perceberam que os estagiários vindos de universidades de primeira linha não tinham a mesma garra do passado. Decidiram então escancarar as portas aos estudantes de faculdades pouco reverenciadas, garotas e garotos com preparo menor que o da elite, mas que se empenhavam mais. A eles era possível ensinar procedimentos de gestão ou finanças no dia a dia da companhia. Mas era impossível incutir nos estagiários de faculdades de primeira linha coisas essenciais como vontade de aprender e garra.

Antes era quase literatura obrigatória para executivos e empreendedores, mas hoje é politicamente incorreto. No passado, quando eu dizia isso em palestras, todos aplaudiam e seguiam pelo caminho indicado com bons resultados. De repente, pararam de aplaudir em público, embora concordassem em particular. Então parei de falar. O fato é que, anos atrás, eu fazia sucesso quando dizia que um bom critério para contratar era a chamada regra PIA, na qual se recomendava apostar em pessoas Pobres, Inteligentes e Ambiciosas.

Para não ter mais problema como isso, asseguro que o termo pobre aqui não tem nada de preconceituoso. Pobre, no caso, é alguém como eu, que saiu do nada. Gente que, contando com o próprio esforço, e não com o berço, está louco para mostrar seu valor. Inteligente, também no caso, não é um conceito elitista que valoriza cultura superior. É a capacidade de perceber as coisas, resolver problemas, se relacionar bem, atrair simpatia, mesmo sem o ensino médio completo. Por fim, ambicioso não tem interpretação. É alguém que não se conforma em permanecer onde está ou em andar de lado e quer muito ir além.

Eram pessoas assim que eu procurava quando, da metade da década de 2000 para a frente, decidi abrir mais filiais para não deixar a peteca cair. Foram muitas, em Goiânia, Florianópolis, Campo Grande, Cuiabá, Roraima, Macaé, no Rio de Janeiro, para atender melhor a Petrobras. Ao todo, em 2012, seriam catorze no Brasil, além de quatro no exterior.

Como a maior parte das pessoas da família e da Poit Energia era composta justamente de pessoas pobres, inteligentes e ambiciosas, muitas foram convidadas para inaugurar e cuidar das filiais. A de Cuiabá, por exemplo, foi fundada em sociedade com Vanderley, meu primo. Eu também pedia muita indicação. Mais do que diploma de boa faculdade ou currículo de profissional com experiência no mercado, procurava gente com veia empreendedora e aquele brilho no olhar de quem quer se provar. A criação da filial de Belo Horizonte serve de exemplo do meu método de apostas pessoais para multiplicar endereços da Poit pelo país.

De olho nas fábricas, indústrias e siderúrgicas de Minas Gerais, achei que valia criar uma representação comercial na região. Numa visita ao escritório de Brasília, perguntei se alguém conhecia um brasileiro para encampar a missão. Um funcionário me falou de um amigo, Gladstony Oliveira Souza, dono de uma microempresa de locação de andaimes e equipamentos como betoneiras, lixadoras e furadeiras.

Numa das minhas visitas a Salim Mattar em Belo Horizonte, marquei um encontro com Gladstony na sede da Localiza. Pontual, o engenheiro eletricista nascido no interior de Minas chegou antes da hora. Ponto para ele. Conversamos ali mesmo, no saguão de recepção da Localiza.

Devo ter feito umas cem perguntas, a maioria relacionada com procedimentos e controles. Descobri então que a empresa dele tinha quatro funcionários e faturava cerca de 7 mil reais mensais. Vi que ele era minucioso e correto. Fazia contratos formais, emitia notas, checava todo dia a saída e a entrada de equipamentos. Simpatizei com ele e seu estilo de tocar o negócio.

Convidei-o para ser nosso representante em Belo Horizonte. Ele não teria salário fixo, mas poderia prosseguir com sua empresa e, além disso, de maneira geral, receberia 10% do valor total de cada contrato obtido. Pois não é que, na primeira semana de trabalho, Gladstony fechou um negócio estupendo com a Companhia Mineira de Metais, do grupo Votorantim? Na primeira tacada, com apenas quatro dias de locação, engordou em 225 mil reais o faturamento da Poit.

O homem tinha iniciativa. Descobriu que havia dois geradores quebrados que estavam encostados num posto de gasolina de Campo Grande, em Mato Grosso do Sul. Comprou-os a preço de banana, levou-os para Belo Horizonte, consertou-os sozinho e passou a locar os dois. Gosto muito dessa história de ir atrás do que interessa, aproveitar oportunidades, fazer muito com pouco.

Gladstony foi meu representante em Minas por cerca de dois anos. Nesse período, não fechou mais um contrato daquele tamanho. Na média, a receita mensal gerada por ele girava em torno de 30 mil reais. Reconheço que boa parte desse desempenho ruim se deveu a mim, que, desprezando os alertas dele, insistia em cobrar a tabela de São Paulo em Minas Gerais.

Um dia, o homem se cansou, deixou de ver perspectiva no nosso acordo e pediu para sair. Fiquei pensando naquilo, refletindo que ele tinha valor e que eu é que havia errado nas diretrizes. Quinze dias antes de Gladstony assinar o distrato, tivemos então uma reunião formal numa padaria de Belo Horizonte (antes, hoje e no futuro, sempre gostei de reuniões em padaria).

Ali, para demover meu representante mineiro de sair da parceria, propus que ele se tornasse meu sócio na filial oficial em Belo Horizonte, a ser montada e administrada por ele. No novo acordo, a Poit teria uma participação de 75% e ele, de 25%. Eu me comprometi a deixar a tabela de preços nas mãos dele, parando de impor o que eu queria e não o que era factível. A partir de então, meu papel seria o de usar minha experiência para orientar nas negociações e na maneira de prestar um serviço que, se possível, deixasse o cliente rindo sozinho.

A combinação acabou sendo boa para todo mundo. Em 2012, quando vendi a Poit, o faturamento anual da filial de Belo Horizonte girava em torno de 1,3 milhão de reais, 260% maior do que no dia em que parei de querer fazer as coisas exclusivamente do meu jeito.

CAPÍTULO 16

A escalada

O exterior me fascina desde menino. Sempre adorei as aulas de geografia. Por volta dos meus onze anos, descobri os consulados — e também que um dos seus papéis era promover a cultura e os pontos turísticos do seu país respectivo. Consegui o endereço dos consulados de São Paulo numa velha lista telefônica do meu pai. Fui escrevendo a cada um deles, dizendo meu nome, idade, que era admirador do país, e perguntando se poderiam me enviar mais informações.

Rapaz, que descoberta! Os consulados não enviavam só folhetos, mas também mapas e livros estupendos, cheios de fotos maravilhosas. Em poucos meses, minha coleção internacional tinha representantes de Portugal, França, Canadá, Alemanha, Inglaterra, Austrália, Finlândia. Quando os amigos viram aquilo, também entraram na dança. Enquanto a maioria dos garotos de Rinópolis trocava figurinhas, nós trocávamos endereços e livros de consulados.

A correspondência chegava na caixa postal que havia muito era de meu pai e que agora eu passava a dividir com ele. Para lá também eram destinados outros pequenos tesouros que eu garimpava no exterior. O *Estadão*, jornal que meu pai assinava, tinha uma seção de filatelia com espaço para troca de selos. No dia seguinte em que descobri aquilo, já mandei a primeira carta. Aos poucos, a iniciativa foi gerando resultados, com a caixa postal lotando de envelopes de várias partes do mundo.

Um cubano que morava em Miami praticamente me adotou. Ele mandava um monte de selos de uma vez, dos Estados Unidos, Cuba, países do Caribe, México. Sem ter lugar mais adequado para guardar, eu enfiava tudo numa pasta com elástico. Quando um professor soube da minha coleção, me convidou para fazer uma exposição na biblioteca pública da cidade.

Aquele foi um dos meus maiores orgulhos da adolescência, todas as paredes forradas de cartolinas com meus selos, pedacinhos do exterior que, suponho, ninguém de Rinópolis tinha visto antes e talvez não visse depois se não fosse por mim. Naquele dia, fui dormir me sentindo muito importante, um pequeno conquistador do mundo.

Guardadas as devidas proporções, senti algo parecido quando abri a primeira filial no exterior, no Chile. Em 2005, um amigo da fabricante de celulares Nokia ligou para dizer que estava trabalhando no país e que por lá nenhuma empresa de locação sabia operar do jeito que a Poit fazia.

— Aqui eles só entregam o gerador e tchau e bênção. Não cuidam do diesel, não têm assistência, mal dão manutenção, não fazem o que eu preciso.

Tinha visto aquele filme muitas vezes antes; jogar no lado fraco do adversário já era especialidade. Perguntei para qual cidade do Chile ele estava querendo gerador.

— Só para lugar difícil, Atacama, Puerto Williams, Patagônia...
— Deixa comigo.
— Algumas torres ficam em montanhas bem altas...
— Já fiz muito disso por aqui. Pode contar comigo.
— Mas, Poit, aqui não é como nos montes da Bahia. Montanha chilena tem mais de 2 mil metros de altitude, cheia de gelo, leva no mínimo três horas para chegar à torre.
— Eu me viro. Dou um jeito. Para quando quer?

Fui para o Chile, dando início a uma das minhas maiores operações de guerra. Na época, eu já tinha feito um trabalhinho aqui e outro ali naquele país. Por isso, tinha conta na agência do Banco do Brasil em Santiago, capital chilena. Nascido em Itapetininga, no interior paulista, o gerente já havia ficado meu amigo. Na pura camaradagem, ele me emprestou uma mesa com telefone e fax.

Em mais uma prova de que o improviso e eu sempre nos demos bem, ali, na mesinha emprestada da agência, contratei os primeiros funcionários do que viria a se tornar minha filial chilena. Um dos técnicos mais experientes da Poit viajou para o Chile para me ajudar e, por indicação, perguntando aqui e ali, encontrei alguns chilenos para colaborar na operação.

Dias depois, aluguei uma salinha em Santiago e montei lá minha base oficial. Pouco antes, já tinha comprado três caminhonetes e também conseguido um empréstimo de 1 milhão de dólares no Banco do Chile, depois vendido ao Citibank, com juro mais baixo do que o do Banco do Brasil. Gastei o milhão inteiro em geradores. Comprei mais de vinte de uma vez.

Ao sul do Chile, para baixo de Puerto Montt, era difícil chegar. Caminhonete não subia a montanha. Alugamos várias vacas — Juanita era uma simpatia — para puxar até o topo gerador e diesel, com um tablado fazendo as vezes de trenó. Foram quase quatro horas com a tropa bovina escalando a montanha gelada. Depois, toda semana, para reabastecer o gerador, duas vacas refariam o trajeto para levar um tambor de diesel até o topo.

Certa vez, nem as vacas deram conta. Tivemos de alugar um helicóptero para levar o gerador e depois o diesel. Era uma façanha tão grande que até contratamos um fotógrafo para registrar o momento. Quando vi a foto, fiquei muito orgulhoso, parecia um pôster do filme *Apocalypse Now*, de Francis Ford Coppola, com o sol ao fundo e a montanha nevada chilena no lugar do Vietnã.

Em março de 2010, abri minha segunda filial no Chile, em Concepción, a quinhentos quilômetros de Santiago, dessa vez por causa de uma tragédia. No fim de fevereiro, a região de Concepción foi arrasada por um terremoto terrível, que derrubou prédio atrás de prédio e cortou todo o fornecimento de energia da cidade.

Quando soube disso, fui correndo para lá — cheguei tão rápido que ainda testemunhei abalos menores, resquícios do terremoto principal, de 8,8 pontos entre os dez possíveis na Escala Richter. Alguns emprestados da filial de Santiago, outros comprados na hora, os geradores da Poit passaram meses funcionando com carga total, primeiro para devolver a eletricidade a hospitais e delegacias de polícia, depois para levar energia às obras de reconstrução.

Pouco depois, no embalo do sucesso das filiais chilenas, criei meio por impulso a de Buenos Aires. Na época, a Argentina não estava numa grande fase, vivendo uma série de apagões aqui e ali. A oportunidade era muito boa, mas a intenção foi melhor que a prática. Seguindo mais ou menos na mesma linha, abri uma filial no Peru, em Lima.

Além das quatro filiais implantadas no exterior, ainda houve algumas tentativas internacionais que não vingaram. Se alguém olhar para uma fotografia de satélite da África à noite, verá que é um dos continentes mais escuros do mundo. Ao contrário da Europa, cujas luzes só não brilham em cadeias montanhosas e em outros poucos pontos, a África não tem energia fora das capitais. Tentei usar a Nigéria como porta de entrada, país que fica num meio-termo, não é tão rico quanto a África do Sul nem tão pobre quanto o Zimbábue.

Passei uma semana em Lagos, a cidade mais populosa. Aprendi rapidinho que, muito mais que o Brasil, a Nigéria não é para principiantes. Mesmo aos olhos de um brasileiro, a desigualdade social é escandalosa. Ricos andam em carros importados escoltados por nigerianos que mal têm sapatos. A caixinha é institucionalizada. De maneira formal ou informal, paga-se propina em restaurantes, casas noturnas, acordos, estradas, até no elevador. Desisti.

Mais tarde, em 2009, no governo Lula, fui convidado a participar de uma missão comercial pela América Latina e pela África. Capitaneada pelo então ministro Miguel Jorge, do Desenvolvimento, Indústria e Comércio Exterior, a comitiva de cerca de oitenta empresários brasileiros viajou no Sucatão, justo apelido do avião presidencial à época, para prospectar negócios. Na Venezuela, como convidados oficiais, assistimos a um longo discurso do então presidente Hugo Chávez no Palácio de Miraflores, a sede do governo.

Ao final da preleção, cercado de seguranças, Chávez desceu do palco para cumprimentar os empresários brasileiros e tirar fotos com eles. Estava na cara que quem não fazia parte de um clube muito seleto, como eu, não teria direito a chegar perto do líder venezuelano. Mas, como dizia meu pai, "cobra que não anda não engole sapo".

Fui abrindo caminho entre os convidados e, quando Chávez chegou perto, dei um passo rápido e furei o bloqueio dos seguranças. Frente a frente com o presidente venezuelano, de bate-pronto, tentando vender meu peixe em portunhol: "Comandante, yo tengo una solucion brasileña, bolivariana, para los apagones que afligem la Venezuela. Yo faço alquiler de geradores, ayudo lo gobierno Lula a resolver lo mismo problema em Roraima. Mucho me gostaria una oportunidad de mostrar a tu gobierno que yo puedo ser útil a Venezuela".

Para minha surpresa, Chávez comprou o peixe. Disse um único nome, aos brados, dando um passo e seguindo adiante para cumprimentar os principais convidados:

— Hipólitoooooo — referindo-se a Hipólito Izquierdo, então presidente da Corporação Eléctrica Nacional, responsável pelo abastecimento de Caracas, a capital, e de outras regiões importantes. Hipólito praticamente se materializou ao meu lado. Chávez lhe passou instruções e seguiu adiante. Eu já havia tentado marcar uma reunião com Hipólito, mas não tinha passado da secretária. Era possível que ele soubesse disso. Aparentando estar contrafeito, mas obedecendo firmemente à convocação de Chávez, Hipólito me disse apenas: "Martes", terça-feira em espanhol. "Três horas."

Não pus muita fé de que haveria alguma reunião, mas, enfim, eu fizera a minha parte. Na pior das hipóteses, era mais uma história para contar aos netos. Mas não é que a secretaria de governo entrou em contato no dia seguinte para marcar um primeiro encontro na terça-feira prometida, quatro dias depois da minha abordagem na maior cara de pau?! Está certa aquela velha máxima que diz que "se não fizer nada, o não você já tem". Só arriscando é que existe uma chance de transformar a negativa em gol, ou no mínimo em possibilidade.

Acabei realizando quatro reuniões com representantes de três companhias importantes do setor energético venezuelano — a todo-poderosa PDVSA, que controla a produção e a distribuição de petróleo do país, a Corporación Eléctrica Nacional, presidida por Hipólito, e a Cadafe, estatal responsável pela maior parte do fornecimento de eletricidade do país.

Logo foi ficando claro que aquilo era uma jogada arriscada. No meio do caminho, Hipólito caiu, deposto por Chávez. Os mentores da Endeavor e os analistas do fundo de investimento sempre acharam que negociar com a Venezuela era temerário. O BNDES, Banco Nacional de Desenvolvimento Econômico e Social, só podia financiar projetos e obras, não locações. Além disso, sempre havia o risco de desapropriação. Eu não tinha garantia nenhuma. Achei melhor desistir da minha filial venezuelana. Às vezes o melhor negócio é não fazer negócio.

Mesmo assim, foi uma pena. Era uma grande oportunidade de repetir no exterior uma das maiores façanhas da Poit, talvez a maior, o melhor negócio que já fizemos no Brasil: a montagem de uma usina inteira. Com ela, a Poit se tornaria a principal fornecedora de eletricidade de Boa Vista, capital de Roraima. Naquela época, para variar, o governo brasileiro estava buscando maneiras de evitar apagões iminentes no país todo, inclusive na região Norte. Promoveu então uma concorrência para abastecer Boa Vista. A Poit ganhou.

Roraima estava tão perto de um colapso energético que, por contrato, a Poit tinha apenas cem dias para resolver o problema, sob risco de multas diárias por atraso. No início de 2009, para honrar o compromisso, comprei uma usina usada no Amapá, que pertencia a alguns argentinos que se deram mal por lá. Consegui um preço bom, 3,5 milhões de dólares à vista. A usina teve de ser desmontada no Amapá, transportada pelo rio Amazonas até Manaus e depois levada em caminhões até Boa Vista por oitocentos quilômetros de estradas muito ruins.

Também precisei importar dos Estados Unidos outros geradores potentes, de 1 500 kVA — no Brasil, no passado, e mesmo hoje, os fabricantes só produzem geradores de no máximo quinhentos kva. Além disso, comprei transformadores para montar subestações e controlar a tensão da energia gerada pela usina. Produzidos em tempo recorde por uma indústria do Paraná, esses transformadores foram transportados com escolta por 22 caminhões pelos 5 mil quilômetros que separam o Norte do Sul do país. Enquanto isso, num terreno cedido pela Eletrobras, levantamos um galpão pré-fabricado enorme.

No centésimo dia do prazo estipulado pelo governo a usina ficou pronta, com seus dezesseis geradores de 2 500 kva, que, somados, geravam 40 mil kva por dia, suficientes para abastecer a maior parte de Boa Vista. Juntos, os motores dos geradores e transformadores da usina consumiam 150 mil litros de diesel por dia, transportados entre Manaus e Boa Vista por cinco caminhões de segunda a segunda.

Para evitar interrupção no fornecimento de energia caso houvesse algum problema com os caminhões, a usina tinha três tanques de estoque com capacidade somada de 450 mil litros de diesel, suficientes para garantir três dias de operação. Ao todo, devo ter investido algo como 5 milhões de dólares para deixar a usina funcionando. Foi um dos melhores negócios da história da Poit. Por contrato, a Poit recebia um valor se os equipamentos funcionassem a toda carga, mas também recebia um valor menor, porém expressivo, com tudo desligado. Com isso, por anos, a usina de Boa Vista gerou uma receita importante, líquida e certa à empresa, que aumentou muito a geração de caixa e o lucro operacional.

A usina também mudou a imagem da Poit no mercado. Antes, por mais que tivesse filiais, era vista como uma empresa regional, do varejo, que alugava geradores em caminhões sobretudo para o setor de telecomunicações. Depois disso, no entanto, passaríamos a ser encarados também como uma empresa de atacado, capaz de fornecer energia em grande escala para qualquer cliente, uma companhia capaz de concorrer de igual para igual com as grandes corporações internacionais, inclusive em plataformas marítimas, o filé-mignon do mercado.

CAPÍTULO 17

A profissionalização

Aquilo já estava ficando chato. Antes, só uma pessoa ou outra tocava no assunto. Mas, depois de 2005, parecia que tinha virado mania nacional. Vira e mexe, todos — o pessoal da Endeavor, analistas, gestores de fundo, economistas, amigos — diziam a mesma coisa: que eu precisava aprender a tirar a barriga do balcão e provar que a Poit podia andar sozinha, sem que eu ficasse interferindo em tudo.

Reconheço que eu exagerava. Além de decidir sobre investimentos ou abertura de filiais, eu não precisava ficar escolhendo a marca do pó de café nem reclamando que a conta do açougue para o restaurante dos funcionários estava alta. Mas é realmente muito, muito difícil para um sujeito que cresceu ouvindo que o olho do dono é que engorda o boi não querer controlar tudo.

O empreendedor é antes de tudo um bicho solitário. Essa história de solidão do poder não é invenção da mídia golpista. Por mais bem assessorado que seja um presidente, rodeado de generais, ministros e conselheiros, é dele a decisão de lançar ou não a bomba que vai arrasar uma nação. Guardadas as devidas proporções, sem explodir nada, não é muito diferente com o empreendedor. Você ouve todo mundo, troca informações e experiência, pois copiar e colar é talvez a ferramenta mais útil do mundo dos negócios, mas a responsabilidade, o destino da empresa está nas suas mãos e de mais ninguém.

E então um me dizia:

— Poit, a empresa é muito a sua cara. Você é alma, mente, corpo, cabeça, braço e perna. O mercado gosta de empresa que roda sozinha, não de carregador de piano.

De fato, por mais que eu tivesse funcionários excepcionais, que batalhavam todo dia para fazer o seu melhor, eu estava por trás da cena, mexendo todos os cordéis, controlando o máximo que dava. Na Endeavor, eu conheci fundadores de empresas que se deram mal e se arrependeram, mas também conversei com muita gente que se afastou do dia a dia, deixou tudo a cargo da diretoria, e que, por isso, o negócio crescera mais ainda. Conheci um dono de empresa que nem sabia direito em que bairro ficava a fábrica inaugurada havia meses; outro me aconselhava:

— Você tem que se profissionalizar, precisa contratar executivos, criar um conselho administrativo. Não dá para ser sempre do seu jeito.

De fato, eu fazia quase tudo que me dava na telha, sem ninguém para me segurar ou dar alternativa. Entre os funcionários, contava com gente muito competente, mas que não tinha currículo dourado. Havia muitas pessoas do interior que faziam um trabalho exemplar, muitos amigos do amigo que tinham virado supervisores ou gerentes e cuidavam da administração, da logística, da operação.

E aí alguém perguntava:

— Quando é que você vai apostar numa governança corporativa de verdade?

Como assim? A Poit tinha centenas de contratos com filiais brasileiras de multinacionais, empresas enormes que não faziam negócio com fornecedores que não tivessem um cadastro impecável, com tudo regularizado, da emissão de notas ao pagamento de impostos. Eu fazia tudo certo. Que mais queriam?

E os conselhos continuavam:

— Para com essa bobagem de querer ser dono do mundo. Você

não é empreiteiro nem imobiliária. Vende os imóveis, só aluga, usa o dinheiro em coisas mais rentáveis.

Eis mais uma coisa que os mentores da Endeavor já tinham falado havia tempos. Eu concordava com a teoria, mas não tinha coragem na prática de me desfazer de um dos meus grandes orgulhos, de algo que me dera tanto trabalho para conquistar. Sede própria é como casa própria, um sonho de consumo, uma das maiores provas de que alguém conseguiu seu lugar no mundo.

De um jeito ou de outro, eu sabia, pressentia ou intuía que todos aqueles conselhos estavam certos. Decisões importantes, no entanto, precisam de tempo para amadurecer. Da mesma forma que levei mais de um ano entre o show no Ilha de Capri e a compra do primeiro gerador, também passaria bastante tempo até que eu me convencesse de que devia mesmo reconfigurar a empresa de cima a baixo.

Na verdade, fui me convencendo aos poucos, testando, fazendo experiências, implementando uma coisa aqui, outra ali. De qualquer forma, pode-se dizer que em 2005 teve início um processo que, até 2011, faria com que a Poit se transformasse numa empresa completamente diferente, muito mais profissional e independente, que só dependia de mim para tomar grandes decisões.

Além das conversas, duas coisas — um livro e um curso — foram importantes nesse processo de transformação. Desde garoto, leio muitas biografias de empresários e executivos e também obras de autoajuda. Na primeira categoria, gostei muito de *Jack definitivo: Segredos do executivo do século*, de Jack Welch, da GE, e de *Iacocca: Uma autobiografia*, de Lee Iacocca, que, demitido da Ford, reergueu a Chrysler e passou a infernizar a vida da Ford. Em relação a obras de autoajuda, adorei *O sucesso não ocorre por acaso*, de Lair Ribeiro, e *Como fazer amigos e influenciar pessoas*, de Dale Carnegie.

Pois então, durante a fase de remodelagem da Poit, li *Fazer acontecer*, do publicitário Julio Ribeiro, então da agência Talent. Nele, diz-se que muitos empreendedores brasileiros sofrem da Síndrome da Branca de Neve, mal que acomete todo cidadão que se julga sempre cercado de gente menor do que ele.

Nas palavras do autor:

A síndrome começa a se fazer notar quando a consciência da própria competência extrapola os limites da sensatez. O empreendedor passa a acreditar que, se não supervisionar todos os problemas da empresa, não puser a mão na massa, não controlar diretamente cada contratempo rotineiro, as coisas na empresa desandam, perdem a eficiência ou saem erradas. O Branca é escravo da própria competência. Vive permanentemente preocupado com os erros que sua equipe pode cometer. Com isso, ele a impede de adquirir experiência.

O texto caiu como uma bomba na minha cabeça. Vesti a carapuça.
Cerca de quinze anos antes, eu havia feito um curso que ajudou a mudar minha maneira de me relacionar com o mundo. Tímido por vocação e nascença, eu tinha o maior medo de falar em público. Então me matriculei num curso de Reinaldo Polito, dono da maior escola de oratória da América Latina. Que diferença! Posso dizer que o cara criou um monstro. Hoje, há poucas coisas que me deixam mais feliz do que subir num palco para dar palestras de negócios ou contar o percurso do menino da roça que se tornou empreendedor de sucesso.

Mas, pois bem, na metade da década de 2000, me aproximei do IBGC, Instituto Brasileiro de Governança Corporativa. Ali, eu faria um curso que também mudaria minha trajetória, agora alterando a maneira de me relacionar com minha própria empresa. Gostei tanto que dei o curso de presente para muitos funcionários da Poit. No IBGC, aprendi que havia uma diferença colossal entre propriedade e gestão, entre ser o dono e ser o administrador de tudo. Que o fundador podia ser muito bom em algumas coisas, como eu era em vendas, motivar pessoas e estratégia, mas que era impossível que ele fosse o melhor gestor da empresa também em finanças, no administrativo, na logística, no setor de manutenção e tudo mais.

Diante disso, seria mais sábio e produtivo que o fundador parasse de enfiar o dedo em tudo e delegasse tarefas para quem podia fazer aquilo melhor do que ele. De um jeito mais técnico, mais corporativo, dizia a mesma coisa que o livro de Julio Ribeiro: "Wilson, você é o próprio Branca de Neve". Se eu tinha mesmo a ambição de que um dia a Poit fosse realmente grande, eu precisava me livrar rapidinho daquela síndrome. Passei da teoria à ação.

Em 2005, já fazia tempo que a Poit era uma empresa séria. Mas, para parecer mais séria aos olhos do mercado, criei um conselho consultivo, formado só por pessoas da Endeavor, meus grandes mentores. Com cinco membros, esse conselho passou a me assessorar nas decisões, influenciar nas contratações, sugerir aperfeiçoamentos no sistema de controle das filiais, me orientar para adotar com rigor máximo as normas de governança e, sobretudo, reforçar a necessidade de mudanças.

Um dos membros desse conselho era Vinicius, meu filho, na época estudante de administração de empresas na Fundação Getulio Vargas. Nas aulas do IBGC ou em palestras sobre sucessão familiar, ouvi dezenas de casos malsucedidos de passagem de bastão na empresa por imperícia ou precipitação. Aprendi que é muito melhor dar lugar ao filho no conselho do que lhe dar um emprego na diretoria. Para que Vinicius entendesse melhor o negócio da sua família, ele, a princípio, passou a participar do conselho para fazer as atas das reuniões. Mais tarde, daria opiniões e sugestões importantes na condução dos negócios.

Aos poucos, fui fazendo o que o conselho consultivo me dizia. A parte da governança foi a menos complicada. Havia tempos eu sonhava em um dia lançar ações da Poit na Bolsa de Valores, o que nunca acabou acontecendo. Gostava tanto da ideia que às vezes pegava o metrô e ia até o centro de São Paulo, onde fica a Bolsa, só para ver IPO, a oferta inicial de ações, de alguma empresa. Conversava com as pessoas, falava com o presidente da Bolsa, trocava informações e aprendia. De um jeito ou de outro, já estava tudo encaminhado para abraçar a governança, que é boa para abrir capital, para conseguir investidor, para vender ou até mesmo manter a empresa. Foi mais ou menos como transformar um código de ética informal, amador e com alguns furos num código de ética oficial, profissional e blindado contra jeitinhos.

Se a adoção da governança foi tranquila, o resto foi um pesadelo. Eu sofria a cada mudança. A partir de 2007, comecei a vender os imóveis. O primeiro foi a sede da empresa, na rua Solimões, em Diadema. Mudamos então para um galpão alugado muito maior, em São Bernardo. Depois, devagar, fui me desfazendo dos imóveis das filiais — a última que sobrou foi a de Cuiabá, que eu mantinha em sociedade com meu primo Vanderley. Todo o dinheiro da venda dos imóveis foi aplicado na compra de geradores.

Ao mesmo tempo, sempre com recaídas e um ciúme danado, fui profissionalizando a companhia e aprendendo a delegar. Dei os primeiros passos em 2005 e acelerei de vez a partir de 2008, quando contratei *headhunters* em busca de executivos. Roubei gente da concorrência e de banco de investimentos. Passei a ter dirigentes com MBA ou diploma do MIT, Massachusetts Institute of Technology, universidade americana que é símbolo de excelência e referência mundial. A nata da nata. Em 2012, quando vendi a empresa, além de presidente, a Poit tinha cinco diretores, sendo um para a América Latina, e cerca de quinze supervisores ou gerentes, entre matriz e filiais.

Em vez de dispor de uma sala com secretária para a elite corporativa, acomodei diretores e gerentes num salão conjunto, com baias de divisórias baixas para alguns e uma grande mesa para os demais. Para manter o equilíbrio interno, metade da cúpula era formada pelo pessoal da velha guarda, os guardiões da cultura da companhia, profissionais que estavam na Poit desde o início, e a outra metade por gente do mercado, executivos experientes ou jovens com energia e ideias.

No início, foi muito difícil ver que os executivos não respeitavam mesmo meu modo de fazer as coisas. Também era aflitivo ver que, fazendo do jeito deles, ia dar errado. Eles podiam conhecer a teoria muito mais do que eu, mas o fato é que eu já tinha feito aquilo milhares de vezes e sabia que, indo por aquele caminho, não ia rolar de jeito nenhum.

Numa situação dessas, a tentação de encostar na pessoa, mandar parar e falar para fazer do meu jeito era grande. Como também era enorme a dificuldade de me controlar para não dar esporro em quem tinha enfiado o pé na jaca. Mas eu não fazia uma coisa nem outra. Não tem sentido delegar sem confiar. Se eu interferisse, aí é que os executivos não aprenderiam nunca. Pior: ia desautorizar, tirar o moral, abalar a segurança, desmotivar, trucidar a autoestima, entre outras coisas lamentáveis que, cedo ou tarde, são capazes de minar o melhor dos negócios.

Deixando as pessoas trabalharem do jeito delas, eu passei muita raiva em silêncio.

CAPÍTULO 18

"Sua empresa não é mais a mesma"

Em 2007, ano em que fiz 49 anos, acatei o conselho mais difícil, complicado e dolorido de todos: o de tirar a barriga do balcão, sair do dia a dia da empresa e deixar o pessoal se entendendo sozinho por lá. A ideia era que eu me dedicasse à parte estratégica, deixando o operacional aos executivos e seus subordinados. Na prática, ao menos nos primeiros meses, tudo que consegui foi me sentir isolado e com vontade de voltar correndo e interferir em tudo.

Para me afastar do cotidiano, aluguei e depois comprei uma sala num edifício no bairro do Jabaquara, perto da estação São Judas do metrô, em São Paulo. Ali instalei meu quartel-general. Aproveitando a mudança, para facilitar uma eventual entrada de investidores, transformei o escritório numa holding, batizada de Companhia Brasileira de Locações, que concentrava todos os negócios da Poit.

O escritório do Jabaquara fica num lugar estratégico, com condução fácil, então equidistante da Poit, ainda em Diadema, e da minha casa. Essa foi uma das raras vezes em que montei um escritório com tudo novo. Desde a Poit Engenharia, criada no final de 1986, eu praticamente só equipava minhas empresas com móveis usados, em bom estado e muito baratos. Mesmo na minha sala na sede da Poit Energia, em Diadema, todos os móveis eram simples.

Meu pai dizia que "o importante não é quanto a pessoa ganha, mas quanto gasta, a maneira como administra os recursos". Àquela altura da vida, eu já vira o suficiente para ter certeza de que ele estava certo. Tive dúzias de funcionários que recebiam poucos salários mínimos, tinham tudo o que queriam por conta de economias e crediários e se sentiam os mais realizados dos seres. Mas também empreguei pencas de gente que ganhava muitos salários mínimos, vivia infeliz, reclamando que o dinheiro não dava para nada e pedindo vale atrás de vale. Ser econômico sempre foi um dos meus pontos fortes.

Para empreendedores que possuem um andar inteiro em avenidas chiques das capitais, meu escritório, onde hoje funciona minha holding, é franciscano. Mas, para os meus padrões, é o máximo da ostentação. Com 120 metros quadrados, é produto de quatro salas de trinta metros cujas paredes foram derrubadas. Tem entrada com recepcionista, cozinha de um lado, espaço para arquivo, biblioteca e computadores do outro, mesa para secretária e, ao fundo, minha sala, onde há uma estante com lembranças e prêmios, uma mesa e cadeiras novas e um mapa-múndi com tachinhas apontando as cidades com filiais da Poit ou cidades do mundo que visitei.

Já fazia algum tempo que os mentores da Endeavor e empresas de consultoria tinham me ensinado a como pilotar um painel de controle para acompanhar o desempenho da matriz e das filiais. Era composto de cinco colunas de metas: faturamento, Ebitda, taxa de ocupação, índice de manutenção e satisfação do cliente. Houve época em que a taxa de inadimplência também fez parte desse quadro.

O pessoal da Endeavor tinha uma frase ótima para dar a dimensão da coisa: "Faturamento é vaidade, Ebitda é realidade, lucro líquido é sanidade".

Faturamento é sinônimo de vendas mensais. Ebitda, a margem de lucro antes de impostos, juros, amortização e depreciação. A taxa de ocupação devia girar em torno de 70%. O índice de manutenção mostrava a quantidade de caminhões e geradores quebrados, que não dava para alugar. Se chegasse a 10% da frota, o sinal vermelho já se acendia.

A satisfação do cliente era apurada por uma central telefônica na sede. Ligávamos para absolutamente todos os clientes para saber como tinha sido o serviço, se não faltara nada, se ele havia sido bem tratado, se o gerador resolvera o problema. Na média, o grau de satisfação na matriz ficava em 98%, um índice magistral. Nas filiais, em 95%, o que também era bom. Sempre quis chegar a 100%, mas nunca foi possível.

Quando eu cumpria expediente diário na Poit, o painel de controle era um bom instrumento de navegação. Mas, agora que eu passava a semana afastado, ele se tornou uma espécie de boia de salvação, na qual eu me agarrava para me sentir mais próximo, útil e participativo. Estando ou não todo dia na Poit, sempre comandei as reuniões de segunda-feira para cobrar metas. Pois aquilo virou o auge da minha semana. Depois de dias de ausência, eu chegava à empresa com sangue nos olhos, louco para rodar a baiana, como se só eu tivesse a capacidade de atingir metas.

Em muitos casos, nem havia tanta razão para estrilar. Assim como eu, diretores e gerentes estavam se adaptando, ainda tentando achar o caminho das pedras para atravessar a correnteza. Nunca houve uma queda brutal e irreversível em qualquer índice, apenas algumas oscilações para baixo, às vezes brandas, às vezes mais preocupantes. O pessoal dizia que aquilo era normal, só uma fase, que logo passaria.

Tudo bem, aquilo podia ser normal, mas também era fato que começaram a acontecer algumas coisas bem estranhas e impensáveis até então. De repente, um velho e bom cliente me ligava no celular para dizer:

— Ô, Poit, sua empresa não é mais a mesma. Faz cinco horas que eu estou tentando alugar um gerador numa filial e a recepcionista diz que ninguém pode atender o telefone.

Cara, como me doía ouvir uma coisa dessas. Aquilo me envenenava. O sangue já subia para a cabeça, o corpo em ebulição com uma mistura de raiva, tristeza, angústia e impotência. Na primeira oportunidade, passava a mão no telefone ou até pegava um avião, ia para a filial, reunia a equipe de vendas e relatava o ocorrido. Houve ocasiões em que alguém disse:

— É que a gente estava no treinamento de vendas para bater a meta do mês.

Aí eu perdia a paciência. Veja se tem cabimento: o cliente ligando para alugar um gerador, para fazer negócio, para aumentar o faturamento e o lucro do mês, e a equipe de vendas não atendia porque estava reunida para descobrir como vender mais. É surreal! Para piorar, isso ocorreu mais de uma vez.

Durante as reuniões de diretoria às segundas-feiras, eu instruía a secretária a passar todos os telefonemas de clientes insatisfeitos para mim. Quando ela entrava na sala para avisar que o X da empresa Y estava na linha, o executivo que tinha provocado o descontentamento sempre dizia:

— Que é isso, Poit, não precisa atender não, deixa que eu resolvo.

Nananinanão. Diante dos olhares surpresos pela interrupção da reunião, eu colocava a ligação no viva voz e incentivava o cliente a desabafar, para que todos enfiassem na cabeça de uma vez por todas a importância da falha numa hora crucial. (Meu amigo, não queira saber o que é estragar um casamento ou uma festa de quinze anos; é pior do que a luz acabar no meio do futebol ou do show.)

Na próxima edição do programa TV Poit, eu soltava o verbo na esperança de que grandes erros não acontecessem mais. Também promovia cafés da manhã com novatos ou veteranos para apregoar a importância de dar o máximo para atender bem os clientes. Mas eu vivia com a impressão de que tapava um buraco aqui apenas para o vazamento aparecer do outro lado. Já que não era recomendável comparecer à sede todo dia, passei a intensificar as visitas às oito filiais que existiam à época. Eu precisava me sentir útil em algum lugar.

Então eu estava andando de carro com um funcionário, por exemplo, numa estrada da Bahia e perguntava:

— Que construção grandona é aquela ali?

— Ah, aqui é parte do Polo de Camaçari. É uma fábrica da... — E aí dizia o nome de uma indústria química, uma montadora, uma petroquímica, não importa.

— É nosso cliente?

— Não. Xi, lá é difícil. O cara só compra do nosso concorrente há anos. Tem que marcar hora, o responsável vive ocupado, nunca tem tempo.

— Vira o carro. Quero ir lá agora.

— Mas, seu Poit...

— Agora. Vamos lá. Já falei um milhão de vezes: o não está sempre garantido. Se você não tentar, não vai conseguir nunca mudar a situação.

Encostava então o carro na portaria, dava um jeito de chegar à recepcionista e pedia para falar com o tal cara inalcançável. Muitas vezes, de fato, não passei da secretária. Em outras, fui atendido, consegui cinco minutos para me apresentar e deixar um cartão, mais uma porta entreaberta onde antes só havia um muro. E não é que mais de uma vez até consegui fechar contrato na hora?! Tive uma sorte do além.

De tanto repetir essa história de "o não está garantido", muita gente da empresa acabou incorporando. Vira e mexe, eles também arriscavam a sorte. Certa vez, a gerente de Salvador contou que, quando se identificou na recepção de uma empresa, a atendente anunciou, num telefonema interno, com voz aliviada e triunfante, que "a pessoa do gerador tinha chegado". Na verdade, eles estavam esperando um concorrente que tinha prometido o gerador para ontem e estava demorando para entregar. Minha gerente se aproveitou da vacilada do rival e convenceu o diretor de que resolveria o problema em prazo recorde. A Poit foi contratada ali mesmo, no lugar do concorrente. Negócio grande e bom. Em poucas horas, nossos geradores estavam operando no local.

Acabei pegando um gosto especial por causas consideradas perdidas. Nas visitas a filiais, eu pedia ao gerente para fazer um quadro com três colunas. Nelas, eram escritos o nome de dez clientes conforme cada categoria: os mais importantes, os que a gente perdeu e os que nunca fizeram negócio conosco. Pedia para traçar um plano para cada tipo. Quase sempre, ouvia: "Ah, seu Poit, mas aquele ali não tem jeito, não. Se ligar para ele, só vai ter xingamento".

Pois, para dar o exemplo, era para esse mesmo que eu ligava. Veja, um gerador pode fazer funcionar equipamentos com 110, 220 ou 380 volts (para abastecer máquinas industriais pesadas). Ao fim da locação, o técnico encarregado tinha a obrigação de virar a chave para a carga mais baixa. Mas em pelo menos duas ocasiões ninguém fez isso nem percebeu que a chave estava no máximo quando o equipamento foi para o próximo cliente.

Foi assim que a Poit queimou toda a instalação elétrica na inauguração de um bingo no interior de São Paulo. Também foi assim que torramos tudo na quermesse promovida por um padre da Barra da Tijuca, no Rio de Janeiro. Quando telefonei para o padre, ele primeiro se dividiu. Ao mesmo tempo que ficou impressionado pelo fato de que o dono da Poit estava do outro lado da linha, achou uma audácia alguém da empresa procurá-lo de novo.

Eu disse que sabia que ele tivera uma experiência ruim conosco e que eu queria entender melhor o que havia ocorrido. O padre falou sem parar por uns bons dez minutos, ressaltando a frustração das crianças e todo o dinheiro que deixou de ser arrecadado pela paróquia. Eu realmente acredito que a resolução da maioria dos problemas de relacionamento, pessoais ou profissionais, passa pelo desabafo. Se a pessoa colocar absolutamente tudo para fora, 95% da questão está encaminhada. O restante depende de como alguém lida com a situação para restaurar a paz.

Depois que o padre xingou e malhou a Poit até não poder mais, ofereci um gerador de graça para a próxima quermesse. Prometi que eu mesmo, pessoalmente, iria supervisionar tudo. Que eu fazia questão de reparar o erro e compensá-lo da melhor forma possível. O resultado é que o padre aceitou. Assim, no próximo evento, ganhou um gerador de graça. Depois disso, ainda nos contratou por muitos anos. Para mim, não existe cliente impossível, só cliente mal cortejado.

Com o tempo, foi ficando cada vez mais claro que, basicamente, há dois tipos de profissional de vendas: o que se desdobra e rala de verdade para bater metas e o contador de histórias, aquele que tem sempre uma desculpa, um argumento, uma justificativa para explicar por que não deu. Para esse cara, a culpa é sempre do outro.

Dá para escrever uma antologia com os pretextos dessa vítima do mundo. Para ele, a culpa pode ser do tempo, do cara da logística, do contrato que atrasou, do cliente que não explicou direito o que queria, da atendente que não passou o telefonema, de qualquer um menos ele. Esse cara tem problemas sérios. Se não assumir que está no buraco e que só depende dele, e de mais ninguém, sair dali, vai passar a vida enrolando, dando desculpas, sendo desmascarado e mandado embora — e botando a culpa no chefe que não soube reconhecer seu talento.

O contador de histórias não vai entender nunca que todo o poder, para o bem ou para o mal, está sempre nas mãos dele, na vontade e na iniciativa dele. Também não vai compreender jamais que uma empresa não contrata a outra — é uma pessoa de uma empresa que contrata uma pessoa da Poit. A relação profissional se baseia no relacionamento pessoal. Uma empresa não pisa na bola ou salva o dia. Pessoas é que fazem isso. A responsabilidade, portanto, é sempre das pessoas e de cada um.

Muitas vezes, depois das visitas às filiais, eu voltava ao meu escritório com um estado de espírito amorfo, meio desanimado, meio esperançoso, sempre decidido a reaver aqueles números lindos, aquele percentual de crescimento maravilhoso de quando eu era o único a pilotar a empresa. Quando via que o pique do pessoal não era o mesmo que o meu, tinha então umas recaídas. Por vezes, nas reuniões de segunda, falava demais, desautorizava gerentes, dava ordens que bagunçavam todo o esquema dos executivos.

Mais tarde, mais calmo, eu me dava conta de que, mais uma vez, estava fazendo errado. Estava mais atrapalhando do que ajudando, tumultuando e interferindo no que não era mais da minha alçada, em vez de cobrar o pessoal apenas e tão somente por resultados. Era impossível que eles tivessem o mesmo estilo que eu, que se relacionassem com os clientes como eu fazia. Se acertassem oito em cada dez, eu já devia me dar por satisfeito. Levou pelo menos uns dois anos, mas um dia finalmente me emendei.

É preciso reconhecer, no entanto, que teria sido mais fácil se, em várias reuniões de segunda, um funcionário da velha guarda não me levasse para um canto para desabafar. Nessas ocasiões, o discurso era sempre o mesmo:

— Seu Wilson, o senhor está muito sumido. O pessoal novo está virando sua empresa de cabeça para baixo. Esse pessoal faz tudo o que o senhor dizia para não fazer.

Aos olhos de quem estava lá desde o início, o choque cultural era realmente brutal. Esses funcionários passaram anos me ouvindo dizer para só pegar ônibus porque táxis eram caros. E agora eles ouviam dizer que o diretor da filial do Chile andava de carro novo da empresa e que os executivos da sede haviam fretado um avião para atender pedidos.

Eu não sabia o que dizer. Não podia falar para ele que, na verdade, para meu desconsolo e espanto, eu já não sabia tudo o que ocorria dentro da minha própria empresa. Mas não dava mais para ficar com a barriga no balcão o tempo todo. Eu precisava me focar em estratégia, controle e cobrança de metas. Mais uma vez, passei muita raiva em silêncio.

CAPÍTULO 19

O aporte

O esforço valeu. Pois não é que a estratégia de me afastar do dia a dia acabou dando certo? Depois de quase três anos de reestruturação interna, o mercado viu que a Poit tinha realmente se tornado uma empresa mais profissional. Em 2008, aos cinquenta anos, por 40 milhões de reais, vendi 33% da Poit para o fundo de investimentos BRZ, de São Paulo. Mais um dia feliz na minha existência, com telefonemas para toda a família e um grande churrasco de comemoração para os funcionários.

Na época, com aproximadamente noventa caminhões, quinhentos geradores e duzentos empregados, o faturamento anual da Poit girava em torno de 40 milhões de reais — computando tudo, a avaliação da empresa chegara a 80 milhões. Com o aporte de 40 milhões do BRZ, de um dia para o outro, o valor de mercado teve um crescimento de 50%. Quem diria que a empresa do garoto de Rinópolis um dia valeria 120 milhões de reais! Eu realmente passei dias nas nuvens, em êxtase, por causa daquilo.

Acho maravilhoso como a vida se encadeia às vezes. Não raro, um fato insignificante num momento se liga a outro, que se conecta a mais um, que leva a outro e então, num belo dia, acontece uma coisa muito boa que não existiria se não fosse aquele primeiro fato. São coincidências impressionantes, que uns chamam de acaso e outros de destino.

No caso do acordo com o BRZ, a pedra fundamental foi uma visita despretensiosa de Fersen Lambranho, então sócio do fundo de investimento GP, que queria conhecer a sede da Poit em Diadema. Numa manhã de sábado de 2005, recebi Fersen acompanhado de Ricardo Propheta, então um analista júnior. Com o tempo, fui ficando amigo de Propheta, que mais tarde se tornaria um dos principais dirigentes do BRZ. Tínhamos afinidades. Ele se interessava pela área de energia, eu alugava geradores. Ele buscava boas empresas para investir, eu tinha uma companhia que não desprezaria o investidor certo. Ele procurava negócios que pudessem se valorizar muito, eu vivia pensando em maneiras de crescer mais e mais. Ele queria empresas com potencial para abrir capital na Bolsa, eu sonhava com meu IPO.

Por quase três anos, ninguém nunca tocou no assunto. Propheta, no entanto, de um jeito ou de outro, acompanhava os progressos da Poit. Sabia que, ao contrário de muitos fundadores de empresa, eu ouvia com atenção os conselhos e me desdobrava para acatar os que tivessem valor. O resultado é que, trimestre a trimestre, a Poit sempre era uma empresa melhor do que antes pela ótica do mercado.

Em 2006, Propheta se desligou do GP e passou a se dedicar ao BRZ, empresa criada a partir de um desdobramento do GP. É certo que, em 2008, o faturamento anual de 40 milhões da Poit, embora gigantesco para mim, era coisa pequena para um fundo de investimento que ainda procurava descolar a imagem do GP e deixar sua marca no mercado. Mas também é fato que a Poit era uma companhia cada vez mais promissora. Propheta, então, me fez uma proposta.

Simpatizei de saída pelos termos do negócio. Nas três vezes anteriores em que fundos de investimento tentaram me comprar, todos queriam 50% ou 51% da empresa. Aquilo não me agradava. Por mais que eu quisesse mais capital para impulsionar a empresa, não tinha intenção de repartir o poder e muito menos de entregar o controle. Aquela era a primeira vez que um fundo se interessava a sério por uma participação de pouco mais de 30% da empresa, deixando 66% na minha mão.

Como sempre, de novo, abri as portas da Poit para o raio da *due diligence*, a devassa contábil, financeira, jurídica, fiscal, trabalhista e tudo o mais que um potencial comprador faz no seu alvo. Dessa vez, o esquadrinhamento ficou a cargo de Sergio Gamba, ex-profissional da consultoria Price e da Deloitte. Sergio agiu como detetive. Além de revirar cada documento, foi para o boteco da esquina conversar com os funcionários. Como quem não quer nada, entre um cafezinho aqui, um pingado acolá, ia sabendo de absolutamente tudo.

Depois de quatro meses de investigação, Sergio me disse:

— Parabéns, Poit. Você não faz ideia de como é raro encontrar uma empresa que não tenha esqueleto no armário. É coisa de uma em milhares ou milhões. A Poit é uma dessas poucas.

Fechei negócio e assinei o contrato com o BRZ.

Quando uma empresa passa por uma auditoria desse tipo, há uma certa tendência para tentar esconder, omitir ou minimizar os problemas ou defeitos. O fato é que todo mundo sabe que não existe empresa perfeita, todas têm alguma gaveta que é preferível deixar fechada. Ao tentar esconder algo, o empresário gera desconfiança no investidor, o que nunca é bom para os negócios. Por isso, é muito mais produtivo agir com sinceridade e transparência. Não precisa ficar com medo.

Dos 40 milhões do aporte, nenhum centavo foi para o meu bolso, por mais que o pessoal do fundo, e até da Endeavor, insistisse. "Fica com pelo menos 1 milhão", diziam (quem diria que um dia eu ouviria uma frase dessas!). Não. Eu não estava precisando de dinheiro naquele momento. Se aplicasse o dinheiro em previdência privada, dólar ou Bolsa, nunca teria um retorno tão bom quanto o da Poit. Que outro investimento no mundo dava 40% de retorno, como o Ebitda da minha empresa? Por isso, o dinheiro ficou todo no caixa.

Fiz muitas coisas com essa dinheirama. Comprei alguns concorrentes pequenos, mas bem localizados, com no máximo cinquenta geradores. Investi também em negócios correlatos. Montei uma empresa de locação de torres de iluminação, necessárias para shows e fundamentais para reparos em estradas à noite. Criei também um negócio de aluguel de cabos, um dos campeões de furtos em toda empresa de locação de geradores. Eu sofria com isso e a concorrência ainda mais. Já que era assim, por que não tentar lucrar com o inevitável?

Comprei também uma empresa de locação de contêineres no Recife. Vira e mexe, as pessoas ligavam para a Poit perguntando onde podiam conseguir só o contêiner, sem o gerador. Eram várias construtoras de imóveis querendo escritórios temporários para lançamento de empreendimento. Ou empreiteiros em busca de alojamento para operários. Outras empresas os queriam para transformá-los em almoxarifado ou estoque.

Mas depender só de telefonemas de interessados não ia prestar. Percebi então que o contêiner é a primeira coisa que chega a uma obra, junto com o pessoal da terraplanagem. Depois vêm as turmas da construção civil, da elétrica, hidráulica, todo mundo precisando de contêiner. Quando eu via que alguém ia começar uma obra grande, pedia a um funcionário que descarregasse um contêiner num canto do terreno. O homem estranhava:

— Mas, seu Poit, ninguém encomendou. E se alguém reclamar? Se mandarem tirar?

— Ninguém vai reclamar. Faz o que estou falando, por favor.

Meu palpite estava certo. A empresa que loca o primeiro contêiner numa obra acaba alugando mais uns vinte para os que vêm depois. Com o negócio pilotado pelo meu primo Vanderley, passei a oferecer contêineres de todo jeito, com ou sem ar-condicionado, pintado por dentro, com zero, pouco ou muito isolamento acústico.

Não demorei a descobrir que, de fato, o negócio tinha muita procura, mas não era tão rentável para mim. Um contêiner custava cerca de 25 mil reais. O aluguel de um básico não passava de seiscentos reais por mês. O top de linha não ia além de 1500 reais, talvez 1800 numa emergência. Comparado com geradores, era um negócio com retorno demorado e margem de lucro muitíssimo menor. Reconheço que não foi minha melhor jogada.

Somando os novos negócios de locação — torres de iluminação, contêineres e cabos —, engordei o faturamento anual da Poit em algo como 2,5 milhões de reais. Seria muito no passado, mas em

2008 não era grande coisa. Isso representava cerca de 2% ou 3% da receita do ano. Pode não ter sido uma mina de ouro, mas pelo menos esse dinheiro pagava quase todo o custo fixo das filiais.

A maior utilidade do aporte de 40 milhões do BRZ, no entanto, foi outra. Ele possibilitou atravessar com tranquilidade a crise mundial de 2009 — provocada por um terremoto no setor imobiliário dos Estados Unidos — serenamente, sentado no caixa, apenas aguardando as grandes oportunidades. O maior mérito por ter feito isso, na verdade, não é meu. Segui um conselho de Peter Graber, fundador da empresa da segurança que leva seu nome e então conselheiro da Endeavor. Ele me disse:

— Wilson, senta no caixa, não tenha pressa, espera pela melhor hora para gastar o dinheiro.

Por essa época, também tentei dar uma grande tacada. Procurei um dos meus maiores concorrentes, Enilson Moreira, dono de A Geradora, propondo uma fusão. Criada em abril de 1989, dez anos antes da Poit, e com sede em Salvador, A Geradora disputava comigo o título de maior empresa de locação de geradores do Brasil. O fato é que ninguém, nenhum instituto, nenhum órgão do governo, nenhuma associação, media quem era o maior ou o menor. É bem provável que a companhia baiana possuísse mais geradores, ao passo que eu possivelmente tivesse a maior margem de lucro. Mesmo sem saber quem era o líder do setor, era consenso que não havia nessa área empresa tão bem-arrumada, monitorada, auditada e politicamente correta quanto a Poit. Muito menos com governança de verdade e um acordo de acionistas que deixava todas as regras do jogo muito claras, inclusive na hora de uma eventual venda, para todos os acionistas, minoritários ou majoritários.

Com mais experiência e (provavelmente) máquinas do que eu, A Geradora era um gigante no Nordeste. A Poit era muito grande em São Paulo e também dava seus pitacos em mais catorze estados. A Geradora era muito forte em locação para obras da construção civil e de infraestrutura. A Poit se destacava em telefonia, indústria e comércio, além de ter filiais no exterior. "Éramos complementares", resume Enilson Moreira.

A ideia era que nos tornássemos uma única empresa, com filiais e representantes comerciais de Norte a Sul, abraçando quase todas as facetas do mercado. O plano de fusão era bom, mas acabou não indo para a frente. Embora os dois lados estivessem dispostos, o negócio desandou por causa de detalhes. Depois de algumas rodas de negociação, Enilson e eu não conseguimos nos entender sobre os percentuais do acordo. Nenhum dos lados queria 50%-50% e muito menos 51%-49%. O resultado é que a associação emperrou e cada um continuou no seu canto.

A esta altura do campeonato, você pode estar se perguntando: por onde andava a Aggreko, que tantas vezes tentou me comprar? Boa pergunta. Depois de muito ensaio, a líder mundial finalmente desembarcou na América do Sul em 2002. Sem adquirir nenhum concorrente de peso, montou primeiro um escritório no Uruguai e depois em outros países da região. Ao Brasil, chegou em 2004, encomendando grandes lotes de geradores aos fabricantes nacionais e também importando muitos equipamentos que não existiam por aqui, como geradores de 1500 kVA.

Inicialmente concentrou sua atividade em Macaé, no Rio de Janeiro, de olho nas plataformas de petróleo da Petrobras. Também apostou pesado na região Norte, onde viria a ter usinas movidas apenas por geradores. Em resumo, com equipamentos que mais quase ninguém tinha, mirou mais no atacado do que no varejo, mais no faraônico do que no popular.

Jorge Paulo Lemann sempre disse que "quem não assume riscos não faz nada grande e passa a vida contando histórias dos outros". Já os outros mentores da Endeavor insistiam que enquanto eu "não aprendesse a fazer dívida, não seria grande de verdade". Pois juntando uma coisa com outra, depois de já ter feito tantas mudanças na empresa que no passado seriam inimagináveis, dei mais um grande passo em direção ao sonho de tornar a Poit uma empresa ideal: aprendi a fazer dívida.

Aos olhos do mercado, empresa boa era aquela que tinha uma dívida equivalente ao dobro do seu Ebitda. No caso, se minha Ebitda era de 40 milhões de reais, eu podia chegar a 80 milhões de dívida.

Então vamos lá. Tendo o aporte do BRZ como garantia, fui me valendo de uma série de linhas de crédito especiais de bancos e também com fornecedores.

O prazo de pagamento era extenso, o juro baixo e ainda havia carência de dois anos até pagar a primeira parcela. Embalado pelas condições confortáveis dos financiamentos, dei início a um processo que atingiria seu auge entre 2010 e 2011. Eu compraria, por exemplo, uma nova frota de caminhões, mais modernos e econômicos. Também faria a alegria dos fabricantes nacionais, encomendando muitos equipamentos de uma vez.

Mas, sobretudo, agarraria as grandes oportunidades pelas quais eu esperava desde o aporte de 40 milhões do BRZ. Uma delas foi a compra da usina usada no Amapá, aquela que consumia 150 mil litros de diesel por dia e que foi transportada pela Amazônia até Roraima, numa aventura épica, para fornecer boa parte da energia de Boa Vista. Outra grande tacada foi a compra de um lote de geradores importados de grande porte, mais potentes do que os fabricados no Brasil e usados principalmente em plataformas marítimas.

Também com esses geradores parrudos fechei muitos negócios com mineradoras. No segundo semestre de 2009, a cotação do ouro disparou de repente. Entre agosto e novembro, passou de 950 dólares a onça troy, medida de referência internacional que equivale a 28,35 gramas, para 1180 dólares. Foram quase 25% de valorização em apenas três meses. Aproveitando a maré favorável, muitas mineradoras dobraram o turno de trabalho para aumentar a produção. Com meus novos e potentes geradores importados, também faria a festa com esses clientes.

Com as novas iniciativas, passei a incomodar a Aggreko num filão de mercado que, antes do aporte do BRZ, ela explorava praticamente sozinha. Os gringos não gostaram nada disso. Assim, ainda em 2009, o líder mundial tentou me comprar de novo. Para mostrar que daquela vez não ia passar, o próprio presidente mundial da Aggreko veio ao Brasil para negociar comigo.

Rupert Soames assumira a Aggreko em junho de 2003, em substituição a Philip Harrower, que morrera num acidente, uma colisão fatal entre seu carro e um trem. Meio calvo e corpulento, Soames não só era neto de Winston Churchill, como muitas vezes parecia uma réplica do mais famoso primeiro-ministro do Reino Unido. Como o avô, o homem também usava bem as palavras e era duro na queda de braço.

Para provar seu poder de fogo, fez uma oferta de 200 milhões de reais, quase vinte vezes maior do que os 10,5 milhões oferecidos sete anos antes, em 2002. O ponto é que, além de eu já estar calejado naquele jogo, não estava muito a fim de vender. Ainda não tinha feito um ano desde que o BRZ fizera seu aporte. Tudo bem, se vendesse agora, o fundo já teria um bom lucro. Mas nós sabíamos que, no embalo dos investimentos recentes, era possível ir bem além.

Fiz uma contraoferta: 300 milhões de reais. Soames disse que não, nem pensar, de jeito nenhum, eram 200 milhões, e ponto-final. Duzentos milhões é uma grana preta. Era pegar ou largar. Pois larguei. Ainda não era a hora.

CAPÍTULO 20

Desapego

Nas minhas palestras de negócios, costumo falar do processo de profissionalização da Poit. Narro as dificuldades que tive, o sofrimento pelo qual passei, as resistências que criei e os muitos benefícios que colhi. No final, jovens herdeiros sempre vêm conversar comigo, comentando algo assim:

— Nossa, como eu gostaria que meu pai tivesse ouvido isso. Será que dá para a gente marcar um encontro?

Sim, a história se repete, e ainda mais nas companhias familiares. Os jovens estão certos ao perseguir a renovação, mas também é mais do que compreensível que os fundadores tentem evitá-la. Separar-se do dia a dia da empresa que você criou não é muito diferente de separação no casamento. Nos dois casos, algo muito importante se perdeu. Por mais que você saiba que no futuro pode ser melhor, naquele momento é como abrir mão da sua identidade — além de, no caso da empresa, deixar ir embora a realização profissional mais importante da sua vida. Profissionalizar seu negócio, deixar de administrá-lo é uma das provas mais torturantes pelas quais um empreendedor pode passar.

Para atravessar essa tormenta, não há outro caminho senão o desapego total — aliás, da mesma forma que em gravidez não há meio desapego. Ou tem ou não tem. A coisa só existe de verdade quando o empreendedor põe na cabeça e encampa na alma que, a partir de dado momento, tem de efetivamente deixar para trás uma etapa da vida e partir para a próxima. Ficar no meio do caminho só atrapalha. Só o desapego do passado conduz aos benefícios do futuro.

Bem, isso é o que digo hoje nas palestras. Mas, no final de 2009, mesmo achando que já tinha feito demais — contratado gente de mercado, dado mais poder aos executivos, saído do cotidiano, montado um escritório longe da empresa —, aquilo tudo ainda não era suficiente para o pessoal do BRZ e da Endeavor. Na visão deles, ainda faltava — de corpo, mente e alma, sem margem para dúvida ou recaída — o que recomendo hoje nas palestras: desapegar de verdade.

Caramba, a lista de exigências daquele roteiro de mudanças não terminava nunca?! "Calma, Poit, calma", diziam para me tranquilizar, garantindo que só faltava mesmo isso para o salto definitivo em direção à grandeza.

Trocando em miúdos corporativos, o desapego que me era exigido podia ser resumido nisto: que eu restringisse minha atividade ao conselho de administração, deixando de presidir oficialmente a Poit e repassando o bastão de comando a um presidente, um executivo profissional, contratado no mercado. Então tudo bem, vocês venceram, vamos lá.

Mas onde encontrar meu substituto? O que mais existe por aí é história de presidente que foi glorioso numa empresa mas afundou outra, ou de executivo que prometeu mundos e fundos e entregou uma coleção de fiascos. Para o posto, eu passei a ter um sonho de consumo: Makoto Yokoo, aquele estudante de administração de empresas da Getulio Vargas que indicou a Poit à Endeavor em 2002 depois de vasculhar milhares de reportagens na biblioteca Mário de Andrade. Eu tinha gostado muito dele e vinha acompanhando sua carreira.

Oito anos depois, Makoto havia saído da Endeavor, cursado o MIT e se tornara um executivo bem-sucedido da Bunge, uma potência agroindustrial, terceira maior exportadora do Brasil. Depois de uma temporada morando em Genebra, Makoto saíra da Bunge e voltara para o Brasil. Mesmo achando que as chances eram pequenas, fui conversar com ele, levando debaixo do braço uma boa proposta, com salário alto, benefícios e ainda um lote de ações, a ser exercido caso desempenhasse bem seu papel.

Era exatamente esse tipo de coisa que deixava vários funcionários antigos chateados. Os caras me acompanhavam havia anos, tinham passado os maiores perrengues do meu lado. Estavam lá no começo, quando ninguém sabia no que ia dar, e também no meio, quando ralaram para expandir a empresa. Agora que tinham cargos de responsabilidade, que sonhavam com uma chance maior, eram preteridos por profissionais vindos de fora?! Do ponto de vista deles, não era justo. "O Wilson não é mais o mesmo", diziam.

Eles estavam certos e também não estavam. Por um lado, eu era a mesma pessoa que valorizava cada funcionário, que dava festas para todos compartilharem as vitórias, que tinha convicção de que não teria ido tão longe sem eles. Mas, por outro, era um empreendedor em mutação, fazendo força para desapegar e executar o que era necessário para realizar meu maior sonho, o de ter uma empresa cobiçada e admirável em todos os aspectos.

Vibrei muito quando Makoto aceitou a proposta, tornando-se o presidente da Poit no início de janeiro de 2010. Um mês antes, porém, nos encontramos a sós no meu quartel-general do Jabaquara. De saída reafirmamos o compromisso de que, a partir do instante em que ele assumisse a presidência, eu só entraria na minha própria empresa para participar de encontros do conselho. Até nas reuniões de diretoria de segunda-feira eu não devia comparecer sem convite. Desapego, Wilson, desapego, vira a página, eu vivia repetindo isso para mim.

Nessa reunião, agora que estávamos acertados quanto ao papel de cada um, tirei dois coelhos da cartola, um protocolar e o outro nem tanto. Eu disse:

— Makoto, só quero que você assuma dois compromissos. O primeiro é bater a meta do ano, dando seu melhor para manter o histórico de crescimento da Poit. — Desde a fundação oficial da empresa, em 2000, o faturamento simplesmente dobrava a cada dois anos.

— É para isso que estou aqui. Qual é o segundo?

— Que você não demita ninguém sem minha aprovação.

— Mas qual a lógica disso? E se as pessoas que estão lá não forem as que eu preciso? Como você exige que eu cumpra metas se não me dá condições para isso? Como fazer o que você quer se não posso demitir quem é inadequado e colocar um profissional melhor no lugar?

— Makoto, escuta, por favor. Até ontem você era um executivo de uma multinacional, morava em Genebra. Está acostumado com outro patamar. Vai entrar na Poit, ver aquelas pessoas simples que estão lá desde sempre e pode achar que eles não vão dar conta da missão. Mas eles vão. Se os mandar embora, vão sair com eles a história, a filosofia e a cultura da empresa. Então não demite agora, não despreza a essência, que é o mais importante de tudo. Trabalha com eles.

Makoto aceitou e cumpriu nosso combinado. Eu também. A partir dali, me conformei com o escritório do Jabaquara, onde passei a encontrar Makoto toda semana, só saindo quando era convocado para reuniões do conselho, me concentrando nas grandes decisões e na parte estratégica da empresa. Ao contrário do previsto, estranhamente, senti um alívio inesperado, como se me livrasse de uma carga que antes nem me dava conta de que era tão pesada.

Ainda levei um tempo para perceber do que se tratava. Vender, administrar, tratar com as pessoas, conviver com os funcionários, disso eu gostava muito e ainda sentia falta. Mas não ter mais de lidar, definitivamente, com uma série de mazelas mundanas, com os inevitáveis aborrecimentos diários, poxa, isso era muito bom mesmo.

Veja, numa companhia com uma frota de mais de 150 caminhões, todo dia alguns batiam e provocavam acidentes. Ralados e amassados eram o de menos. Pior quando a bobagem era grande, como no dia em que, na pressa depois de um serviço, o motorista de um caminhão munck esqueceu de apertar o botão para recolher os acessórios laterais do guindaste e saiu levando postes numa estradinha.

Não ter mais de me preocupar, de jeito nenhum, com questões envolvendo diesel também foi um alívio. Houve casos em que, por descuido, quase provocamos problemas ambientais. O fato de me livrar disso e de mais uma batelada de pequenas, médias e grandes calamidades cotidianas foi realmente uma parte boa de repassar o cetro. Agora tudo aquilo era problema do Makoto.

Na questão da tradição versus inovação, talvez uma das mais complicadas, o novo presidente da Poit se saiu bem. Ao mesmo tempo que acelerou a contratação de executivos no mercado, Makoto manteve os churrascos de comemoração a cada meta conquistada ou grande contrato assinado (dos churrascos, ufa, eu também podia participar). De certa forma, ele até animava a festa melhor do que eu. Bom cantor e amante de música sertaneja, quase sempre dava seu show, puxando o coro nas canções.

Algumas coisas, no entanto, não ficaram mais como antes. Diferentes problemas foram surgindo. Lá pelas tantas, os funcionários passaram a reclamar da qualidade da comida no restaurante da Poit. De início, para acabar com isso, eles ficaram incumbidos de escolher o cardápio. Não funcionou. Sabendo que as pessoas tendem a não valorizar aquilo que recebem de graça, mantivemos o café da manhã gratuito, mas decidimos cobrar um preço simbólico, coisa de um ou dois reais, pelo almoço.

Mesmo assim, muitos funcionários continuavam dizendo, por exemplo, que a carne estava dura ou a batata muito oleosa. De comum acordo, Makoto e eu concluímos que era mais produtivo desativar o refeitório e dar tíquete-alimentação para todo mundo. De certa forma, em prol da praticidade, foi o fim de uma era.

Saindo do restaurante e indo para as áreas administrativas e financeiras, Makoto também virou tudo do avesso. No início de 2010, a Poit, como se viu, era uma empresa com faturamento anual de 80 milhões de reais. Para atingir a meta de dobrar a receita a cada dois anos, ele precisaria chegar a 160 milhões de reais em dezembro de 2012. A questão era como fazer isso.

Primeiro, ele propôs que a Poit lançasse ações na Bolsa de Valores, o IPO a que Beto Sicupira se referira no passado e com o qual eu tanto sonhara. Como a empresa estava bem ajustada às exigências de governança corporativa, seria o jeito mais fácil e rápido de fazer caixa para mais investimentos. Dependendo do percentual de ações que a gente oferecesse ao mercado, a estimativa era de levantar no mínimo uns 100 milhões de reais.

O problema é que, a essa altura, o IPO não me parecia mais a melhor opção. Apesar de eu ter investido em pequenos negócios correlatos e comprado muitos geradores importados, a empresa ainda estava muito capitalizada. Dos 40 milhões que o BRZ colocou, havia ainda uma boa quantia em caixa, suficiente para poder pensar com calma no que fazer, mas insuficiente para dar a grande tacada de que precisávamos. Diante disso, a abertura de capital, embora ainda tivesse seu apelo, não era a alternativa mais interessante à época. Se ela ocorresse naquele momento, seria mais por vaidade do empreendedor do que por necessidade. E vaidade não combina com desapego.

Permanecia, no entanto, o fato de que a Poit precisava tirar mais dinheiro de algum lugar para investir, comprar mais equipamentos e continuar crescendo. Foi aí que, deixando de lado meu medo crônico de dívidas, dei o sinal verde para Makoto pisar no acelerador e recorrer a todas as linhas de crédito que julgasse necessárias.

Além dos financiamentos baratos que já tínhamos, ele buscou mais dinheiro em condições favoráveis no mercado. Com isso, em questão de meses, a Poit atingiu aquele grau de endividamento que o mercado considera benéfico para uma companhia, de duas vezes a geração de caixa anual da empresa.

Com os milhões de reais levantados nos financiamentos, a Poit foi às compras sem medo de ser feliz. Apenas em geradores, foram quase quinhentos em um ano e meio. Como era fundamental ampliar o mercado, o número de filiais mais que dobrou, pulando de oito para dezoito, cada uma com seu gerente ou supervisor. Uma vez por mês, esse pessoal comparecia à sede em São Bernardo para prestar contas ao conselho.

Ali, nessas reuniões de cúpula, eu só falava de quatro assuntos. O principal era estratégia para bater metas. Queria saber como conseguimos atingir algumas e, sobretudo, por que não conseguimos outras. Cobrava dos diretores e, principalmente, do presidente os resultados. Se a pauta fosse mais abrangente, numa reunião de duas horas, era uma hora e meia falando só sobre o que precisava ser feito para atingir ou superar nosso objetivo. O restante do tempo era ocupado por outros três assuntos: gerenciamento de equipe, estrutura financeira e avaliação de riscos.

Foi nessas reuniões que me dei conta de que deixei de ser um gestor para me tornar um líder. Para mim, os melhores líderes são aqueles que fazem a equipe bater metas, seguindo pelo caminho certo, sem pegar atalhos, e se preocupando em criar sucessores para os cargos mais importantes da empresa.

Durante dois anos, posso dizer que Makoto e eu formamos uma boa dobradinha, comigo na presidência do conselho administrativo e ele na presidência da operação. Entre janeiro de 2010 e janeiro de 2012, o faturamento anual da Poit passou de 80 milhões de reais para 142 milhões e o Ebitda, auditado, se manteve próximo de 40%. Um golaço.

Embora ainda nenhuma entidade aferisse o mercado de locação de geradores, a Poit era considerada a líder nacional, com seus mais de 140 milhões de reais de faturamento, dezoito filiais, sendo quatro no exterior, quinhentos funcionários, 172 caminhões e 1500 geradores. Era essa a empresa que eu buscava no passado, quando me arriscava em negócios diferentes para encontrar algo que tivesse escala, andasse sozinho e mostrasse seu valor ao mundo. Se não tivesse tentado e errado tanto antes, provavelmente não estaria lá naquele momento.

CAPÍTULO 21

A venda

Em março de 2012, finalmente aconteceu. Aos 53 anos, vendi a Poit, por 190 milhões de dólares, ou 400 milhões de reais à época, para a líder mundial Aggreko, dona então de um faturamento global de 2,2 bilhões de dólares.

A notícia teve grande repercussão no mercado mundial, se tornando manchete nos principais sites de negócios nacionais e internacionais:

"Aggrekko buys Poit Energia in £140 deal"

BBC News

"Aggreko to acquire power rental business in South America for £140m"

Aggreko, Financial Releases

"A Aggreko avança
A Poit Energia, líder em locação de geradores no Brasil, foi vendida por 450 milhões de reais para a Aggreko, empresa fundada na Holanda há 50 anos e que domina o setor no mundo"

Veja, Radar On-line

"Aggreko plc to acquire power rental business in South America for GBP140 million"

Reuters

"Aggreko Expands Footprint in South America with power rental business buy"

International Business Times

"Aggreko to buy Brazilian firm"

London Stock Exchange e Yahoo! Finance – UK & Ireland

"Aggreko compra Poit por R$ 400 mi"

Valor Econômico

O negócio foi celebrado em grande estilo. Em abril, minha esposa e eu fomos convidados por Rupert Soames, presidente da Aggreko, para assistir ao vivo, num camarote do Estádio Olímpico de Londres, à abertura das Olimpíadas de 2012, aquela em que James Bond e a rainha da Inglaterra contracenaram. Ficamos num belo hotel, perto do Hyde Park, e, durante coquetéis e no camarote olímpico, conhecemos os principais executivos das filiais mais importantes da Aggreko. Aquela foi a coroação de um negócio que, depois de anos de tentativas, tinha deixado os dois lados realizados.

Eu vendi a empresa, entreguei as chaves, mas não fui para casa. A Aggreko fez questão de que meu filho Vinicius e eu continuássemos no conselho de administração por mais nove meses, até o fim de 2012. Por estar no conselho desde a criação e ter participado de inúmeras reuniões no Brasil e negociações no exterior com seu inglês perfeito, Vinicius tinha se tornado um membro importante da cúpula. Meu filho é mesmo valoroso. Em 2018, ele seria eleito deputado federal com mais de 200 mil votos, tornando-se o deputado mais votado por São Paulo pelo partido Novo.

A princípio, a proposta de ficar mais tempo por lá não me agradou. Eu achava muito estranho ficar ditando a estratégia de uma empresa que não me pertencia mais. O pessoal da Aggreko, porém, soube argumentar bem. Colocou na mesa mais um monte de dinheiro caso eu fizesse o que eles pediam. Em 2012, o lucro da Poit previsto para o ano era de 44 milhões de reais. Caso conseguisse elevar esse lucro em 70%, para algo como 74 milhões até o fim do ano, eu receberia mais um bônus de 60 milhões de reais.

O que eu tinha a perder? Se desse certo, acho que me tornaria um dos caras mais bem remunerados do mundo; afinal, quantos profissionais embolsam 60 milhões por nove meses de trabalho? Se não conseguisse, tudo bem, o dinheiro da venda já estava assegurado. Topei o desafio.

Foi aí que me vi diante da pergunta de bem mais de 1 milhão de dólares: o que fazer para obter um crescimento tão grande em tão pouco tempo? Como não há mágica nos negócios, apostei em duas frentes tradicionais. A primeira foi estabelecer um bônus agressivo para os quatro diretores que ficaram na Poit. A segunda, um ataque frontal aos clientes, ficou a meu encargo. Como nos primórdios da Poit Engenharia, virei um mascate visitando grandes clientes, prospectando negócios expressivos, buscando novos contratos. Fui várias vezes a todas as catorze filiais nacionais e às quatro no exterior, duas no Chile, uma na Argentina e outra no Peru. Voltei para a África. Bati em todas as portas que pude imaginar.

Na metade de 2012, no entanto, ficou claro que a coisa não estava funcionando direito. Embora a Poit Energia e a Aggreko agora fossem uma empresa só, os britânicos a tratavam como se fossem companhias diferentes. Queriam fazer uma contabilidade dos negócios gerados por eles e uma outra dos contratos fechados por mim e pelos meus quatro diretores restantes. Conduzir as duas empresas desse jeito estava impraticável. Vira e mexe, havia conflito de interesses. Em agosto, tivemos uma reunião e decidimos que era melhor encerrar por ali minha colaboração e do Vinicius. Esquecemos aquele negócio do bônus de 60 milhões, fizemos um acordo e, aí sim, fui para casa.

Desde 2008, 33% da Poit pertenciam ao BRZ. Logo, 132 milhões de reais foram para o caixa do fundo de investimento, provando que fora realmente um excelente negócio apostar em mim. Em apenas quatro anos, os 40 milhões aplicados na compra de 33% de participação tiveram uma valorização de 230%.

Como retribuição por tudo que fez por mim, além de apoiá-la dando palestras e falando bem dela para todo mundo, a Endeavor recebeu uma doação, que propiciou a criação de um dos seus fundos de investimento em companhias promissoras.

Por fim, honrando o contrato assinado com a Aggreko, tive de quitar todas as dívidas da Poit com bancos e fornecedores. Com isso, noves fora, dos 400 milhões da venda, fiquei com apenas uma parte, muito mais do que eu sonhava na roça, mas muito menos do que as pessoas imaginam.

Mas, lembre-se, sempre fui e continuo sendo econômico. Gosto de bons restaurantes, de ajudar a família, roupa legal, carro importado, apetrechos tecnológicos de última geração, mas não tenho relógios de milhares de dólares ou uma adega com vinhos raros de safras especiais. Afora um apartamento novo, nunca fiz um gasto milionário. Ainda sou uma pessoa simples, apesar da conta bancária.

O grosso do dinheiro, inclusive, nem sou eu quem administra. Ele é gerenciado por bancos, com o compromisso de render um tanto por ano. Sou sócio em pequenos empreendimentos e em duas *start ups* de tecnologia — e isso resume minhas aventuras atuais no mundo dos negócios. Continuo conservador. Os ganhos possíveis da Bolsa de Valores me atraem, mas os riscos não. Prefiro deixar o dinheiro investido em aplicações de renda fixa e em títulos do governo.

Hoje vejo que vendi a Poit na hora certa. No ano seguinte, em 2013, já havia grandes indícios de que o Brasil mergulharia numa das piores crises econômicas de sua história. Ficou muito mais difícil fazer bons negócios.

Para o mercado de locação de geradores, a Copa do Mundo de 2014 ainda rendeu resultados expressivos. Espalhados por doze estados, os estádios precisavam de energia sobressalente, assim como as equipes de transmissão dos jogos. Além disso, em milhares de cidades brasileiras, as prefeituras montaram telões a céu aberto para a população acompanhar as partidas mais importantes. Nessas ocasiões, para garantir a festa, sempre havia um gerador.

Depois disso, o último grande evento do mercado foram os Jogos Olímpicos do Rio, evento que, ao contrário da Copa, dependia de concorrência pública para prestação de serviços. Várias empresas disputaram essa mina de ouro, entre elas A Geradora, a Tecnogera e a Aggreko. Em dezembro de 2015, faltando oito meses para o início das Olimpíadas, a Aggreko desistiu da competição por considerar que, entre a definição do vencedor e o início do evento, havia sobrado pouco tempo hábil para trabalhar da maneira a que estava habituada. Várias empresas brasileiras dividiram o bolo.

Com o fim das Olimpíadas, o mercado de aluguel de geradores, como o restante do país, entraria de vez numa ressaca violenta. Ao comprar a Poit, a filial brasileira da Aggreko havia se tornado uma empresa com 2800 geradores, capazes de, como a usina nuclear de Angra 2 e seus 1300 megawatts de potência, abastecer metade do estado do Rio de Janeiro. Mesmo com todo esse poder de fogo, ou exatamente por isso, pelo tamanho gigantesco de seu arsenal, a Aggreko não conseguiu evitar a entressafra.

Como a maioria dos negócios entre uma multinacional e uma empresa brasileira, a fusão foi complicada e dolorida. O desapego me ajudou a tocar o barco sem drama. Aquele, enfim, não era mais meu negócio. Dos meus antigos funcionários, poucos restaram. Com isso, a cultura, a filosofia, a memória, a essência, as pessoas, a solidariedade e o engajamento da equipe, tudo isso se perdeu. Ao serem mandados embora, muitos ex-funcionários se tornaram concorrentes. Eles podem ser pequenos hoje, mas, tenha certeza, esse pessoal sabe fazer as coisas direito. Aguarde.

CAPÍTULO 22

Não ande de lado

Para um caipira pobre da roça, fui muito mais longe do que poderia sonhar. Para o rapaz que faltou à própria formatura por não ter roupa adequada, criar uma empresa com quinhentos funcionários, dezoito filiais e 1500 geradores era algo tão distante quanto as luas de Júpiter. Para quem começou do zero e do nada, vender essa empresa por uma fortuna, então, nem se fala. O menino que fui nem saberia conceber essa possibilidade.

Pelos olhos do mercado, a quantia pela qual fechei o negócio atestava o valor do meu trabalho, inflava o ego e propiciava segurança. Há, no entanto, outras moedas recebidas que fizeram com que me sentisse ainda mais realizado e valorizado.

Em muitas ocasiões, a Poit Energia se tornou *case*, ou caso de estudo, em universidades brasileiras e estrangeiras de primeira linha. Se fosse apenas o reconhecimento nacional, eu já não caberia em mim de tanto orgulho. Mas não tem preço obter o reconhecimento internacional de instituições de ponta como a Universidade Harvard, a Universidade Columbia ou o MIT.

No caso do MIT, em 2009 um grupo de cinco estudantes chegou a passar pouco mais de dois meses em São Paulo estudando a Poit in loco, na sede em Diadema. Ainda hoje, a Endeavor mantém uma parceria com o MIT por meio da qual os alunos escolhem uma empresa para fazer intercâmbio e aprofundar o estudo de caso. Dentre dezenas de empresas espalhadas pelo mundo, aqueles cinco alunos do MBA, três americanos, um japonês e um europeu, com idades entre 25 e trinta anos, escolheram a Poit.

Um deles, Rob, era um engenheiro militar, herói de guerra, que tinha acabado de dar baixa no Afeganistão, onde era responsável por cuidar dos geradores de acampamentos americanos e também por desarmar minas e bombas. A sede da Poit em Diadema ficava numa região sujeita a batidas policiais e tiroteios com bandidos. A gente brincava que a sorte estava do nosso lado, que com Rob, um sobrevivente escolado, nunca ia acontecer nada com ninguém. Já os mais engraçadinhos diziam que, depois de sobreviver incólume à guerra, só faltava ele ter problemas em Diadema.

Como combinado com a Endeavor, paguei passagens aéreas, acomodações (num flat no bairro paulistano de Moema) e deixei um carro popular alugado à disposição dos alunos do MIT. Em comum, todos falavam inglês. Destaquei um jovem estagiário da Poit que dominava o idioma para ser o principal interlocutor deles e o tradutor oficial no dia a dia. Foi ele também o responsável para atender a um pedido do grupo: assistir no estádio a um jogo de futebol.

Ocorre que esse jovem estagiário era filho de um são-paulino que tinha bons contatos. Assim, levou o pessoal do MIT para ver um jogo do São Paulo no estádio do Morumbi, de camarote, com garçons, boca-livre e coisa e tal. A partida foi zero a zero, um embate morno sem emoções num ambiente controlado. Quando Vinicius e eu soubemos disso, resolvemos virar o jogo. Corinthianos desde sempre, levamos a turma para ver um jogo do alvinegro na arquibancada do Pacaembu.

Ficamos no meio da torcida da Gaviões da Fiel, choveu muito naquela noite, todo mundo teve de tirar a camisa. O Corinthians ganhou de dois a zero. A cada gol, o pessoal da Gaviões abraçava e comemorava com os caras do MIT como se não houvesse amanhã. A rapaziada olhava para mim e o Vinicius e dizia, maravilhada: *this is a real game*, isso sim que é jogo de verdade. No final da partida, lá mesmo no Pacaembu, encharcados de chuva, comemos sanduíche de pernil em meio à batucada e aos gritos da comemoração da torcida. Depois, dei uma camisa do Corinthians para cada um.

Foi inesquecível para todo mundo. Imagina o que é para um americano, acostumado à hierarquia e à organização dos jogos de rúgbi ou beisebol, se ver no meio da torcida mais louca do país ao lado do presidente da empresa, molhado e sem camisa. Esses caras do MIT hoje são amigos no Facebook e me acompanham de perto. Quando vendi a Poit, os cinco curtiram. Toda vez que falo com eles, não importa o assunto, sempre há um que termina com "vai, Curintiá".

Na empresa, passei uma missão a eles: pedi que descobrissem o que as principais empresas de locação do mundo faziam para ter uma taxa de ocupação mais alta do que os 70% da Poit. Passei uma lista de empresas com o nome das pessoas com quem tinham de falar e deixei o pessoal trabalhar.

Rapaz, como chegaram informações boas. Ao telefonarem, os rapazes se identificavam como alunos do MIT que estavam fazendo um trabalho escolar numa empresa brasileira. Assim, eram atendidos por gente que jamais me daria informações de como eles calibravam e turbinavam a taxa de ocupação. Na despedida, esses cinco rapazes reuniram todos os dados e fizeram uma apresentação maravilhosa para a diretoria da Poit. Foi muito útil.

No Brasil, também me tornei *case* em faculdades importantes como a Fundação Getulio Vargas de São Paulo, a FEA, Faculdade de Economia e Administração da USP, o Mackenzie, a Insper (ex-Ibmec) e a PUC, também de São Paulo. No curso de administração da PUC, por exemplo, um professor expôs a trajetória da Poit e pediu a grupos de alunos que fizessem um estudo sobre o futuro da empresa, dando sugestões de como ela poderia crescer ainda mais. Com o trabalho realizado, fui convidado para ser um dos jurados. Assisti então à apresentação dos cinco finalistas. Mas que juventude mais esperta! Fiquei encantado com as ideias deles.

Foi tão bacana que convidei dois grupos para fazerem a mesma apresentação para gerentes e diretores da Poit. Todo mundo ficou meio espantado com a argúcia dos jovens para identificar e tentar solucionar os problemas que vivíamos no dia a dia da empresa. Algumas ideias para enfrentar o futuro eram até meio estapafúrdias, arrojadas demais, quase impraticáveis na realidade brasileira, mas, de um jeito ou de outro, todas eram sensacionais. Acabei convidando dois estudantes, um rapaz e uma moça, para serem *trainees* na Poit.

Além dos *cases* em faculdades, o reconhecimento também veio em forma de uma série de prêmios, como, em 2009, o de Empreendedor do Ano, da consultoria Ernst & Young, uma das mais respeitadas do mundo. Em 2015, a Endeavor me celebrou com o troféu de Empreendedor de Alto Impacto, criado para o empreendedor que simbolizava a história dos quinze anos de atividade da entidade no Brasil. Tenho um baita orgulho desse reconhecimento.

Além do mercado, da academia e dos prêmios, também as consultorias, analistas de bancos de investimento e revistas de negócios atestavam que cumpri bem minha missão. Beleza. Um capítulo estava encerrado, mas a história precisava continuar. O que me levava a uma questão fundamental: e agora, Wilson, o que fazer?

— Aproveita a vida, Poit, você já trabalhou demais. Agora que colocou o burro na sombra, viaja, dá a volta ao mundo, curte o máximo que puder.

Perdi as contas de quantas vezes ouvi essa frase, com variações aqui e ali. A ideia de só aproveitar é sempre tentadora, mas eu era muito novo para passar o resto da vida sem produzir mais nada. Quando deixei a Poit nas mãos da Aggreko, tinha recém-completado 54 anos, com muito tempo pela frente. Ainda dava para fazer muita coisa boa.

Em 2010 — quando entreguei a presidência a Makoto, assumi o conselho de administração e criei a holding —, mandei fazer um quadro para o escritório do Jabaquara. Esse quadro é uma montagem com seis imagens principais, uma da Poit e cinco relacionadas a empreendimentos que me atraíam. Pendurado na entrada da minha sala, ele me mostrava, todo dia, que poderia haver muitas oportunidades de negócio além da locação de geradores. Ele me ajudou muito na fase de desapego, e também a visualizar o que eu poderia fazer no futuro.

O quadro tem, por exemplo, uma bela fotografia de boiada. Desde menino, gosto de gado e sítio. Tive minha própria criação na época da empresa de engenharia e, quem sabe, no futuro, poderia ter uma grande fazenda. Muitas vezes, me imaginei sentado numa varanda ao pôr do sol, a brisa no rosto e o gado pastando ao longe.

Ao lado dos bois, há uma foto aérea de um rio cercado por uma floresta, simbolizando a possibilidade de um dia investir em algum empreendimento ligado a ecoturismo. Quem sabe, no futuro, ainda terei um hotel no Pantanal.

Também há a foto de um rali. Por catorze anos, sempre com Vinicius, meu filho mais velho, corri muitos ralis. Além do prazer, a foto indica outra possibilidade de negócio. Um dia soube que há príncipes sauditas e milionários russos e japoneses que gostam de rali, mas não têm carro. Para participarem da corrida, eles alugam — sendo que a locação é quase o preço do carro. Fiz até plano de negócio para isso.

A imagem de um grande edifício com fachada espelhada reflete a possibilidade de me dedicar a empreendimentos imobiliários. Ao lado, estão um caminhão e um grupo de geradores da Poit, minha maior realização até então, que possibilitou ser o que sou hoje. Por fim, acima de tudo, está a imagem de um jatinho, que, no caso, não é sonho de consumo, mas símbolo de que o grande negócio é mesmo sonhar alto.

Tudo o que se relaciona a futuro nesse quadro não foi para a frente. Não tenho fazenda, hotel no Pantanal, obras em construção nem alugo carros para rali. Pelo menos até agora, com exceção dos geradores e do jatinho para lembrar da altura dos sonhos, o quadro se tornou uma carta de intenção que, ao que tudo indica, será sempre uma lembrança na parede.

Logo após a venda da empresa, enquanto ainda não me decidia sobre o que fazer no futuro, resolvi que 2013 seria um ano sabático. Veria os amigos, viajaria bastante, talvez para a Oceania, o último continente que me falta conhecer, ou ficaria mais em casa curtindo a família. Em resumo, teria o sossego e a paz de espírito que me faltaram durante a maior parte da trajetória da Poit.

Como já contei, por mais de dez anos me senti desconfortável, atormentado pela culpa e sofrendo com dor de cabeça. Pois é, passou tudo. A terapia ajudou muito a encontrar o equilíbrio, me ensinando a administrar os traumas do passado e a lidar com os desafios do presente. O coaching do Fábio e da Ana, sócios de uma consultoria chamada 1%, também ajudou bastante. Também é fato que o sucesso nos negócios me deixou mais confiante e seguro. Depois de anos e anos, finalmente me dei o direito de ser feliz.

Hoje estou na minha melhor fase. Jamais havia chegado tão perto do equilíbrio. Estou realizado, financeiramente resolvido, me dando muito bem com meus filhos e meus amigos, trabalhando bastante sem deixar o lazer de lado e também morando com quem amo, minha esposa, Marta Pereira Poit, uma das pessoas mais importantes da minha vida, aquela que mais me conhece no mundo.

Embora ela tenha nascido em Rinópolis, onde passei boa parte da infância e adolescência, eu só a conhecia de vista. Aos dezenove anos, por indicação do meu pai, Marta foi trabalhar na Engewisa, meu primeiro escritório de engenharia. Começou como assistente da área administrativa. Viu a Engewisa virar Poit Engenharia e depois Poit Energia. Conforme os negócios avançavam, foi assumindo responsabilidades, chegando a dirigir o departamento de recursos humanos. Como tantas outras pessoas que me acompanharam no início, ela também madrugou na empresa, foi para casa tarde da noite e passou muitos fins de semana entre geradores para resolver pepinos. Formada em administração, hoje ela tem uma consultoria especializada em planejamento estratégico para pequenas empresas.

Aos 46 anos, me tornei pai novamente. Em 2004, nasceu João Pedro, nosso filho, que, com quinze anos, já é um craque em tecnologia e música (já tocando vários instrumentos). Grande amigo meu e dos amigos, João Pedro ainda vai longe. Três anos depois, em 2017, também me tornei avô, com o nascimento de Gabriel, filho de Camila, uma das minhas gêmeas (rapaz, como eu fico bobo pegando o menino no colo). Formada em medicina, Camila puxou bastante de mim. É uma pessoa simples, independente e que se vira muito bem sozinha. Agora, está se revelando uma mãe espetacular.

Gabriela, gêmea de Camila, me deu outro tipo de presente, ao me fazer prestar mais atenção num lado importante da vida, o da atuação social. Até 2012, eu só tinha ajudado funcionários, empreendedores, amigos e, sobretudo, a família. Mas Gabriela conheceu o Guerreiros sem Armas, ONG que atua em comunidades carentes, e depois o CREN, Centro de Recuperação e Educação Nutricional, especializado em nutrição infantil. Maravilhou-se tanto com o trabalho deles que fez um curso de especialização em empreendedorismo social no exterior. Engajou-se na causa. E também me contagiou. Comecei então a colaborar e me tornei conselheiro do CREN por uns tempos, ensinando a gerenciar recursos como em um negócio.

Gostei muito de fazer parte de uma ação de cunho social. É um bom jeito de retribuir ao mundo tudo o que recebi. De certa forma, também é por isso que adoro dar palestras, uma excelente maneira de orientar, repassar conhecimento e inspirar. Sinto estar devolvendo ao universo uma parte, ainda que pequena, do que ele me deu. Palestras, consultoria, ação social, eis mais três itens na minha lista de possibilidades para o futuro. Mas eu só iria pensar nisso de verdade no fim de 2013, quando terminasse o ano sabático durante o qual eu e Marta viajaríamos bastante.

Poucas vezes na minha vida um plano meu falhou tanto. Desde que vendi a Poit, mal tive um mês sabático, quanto mais um ano inteiro. Em janeiro de 2013, Fernando Haddad assumiu a prefeitura de São Paulo. Para montar sua equipe, além dos cargos políticos, o novo prefeito quis dois secretários vindos da iniciativa privada, nomes técnicos, com experiência comprovada e sem histórico com partidos.

A Endeavor indicou meu nome. E o prefeito me convidou a assumir a recém-criada SP Negócios, agência com status de secretaria que, a partir dali, se encarregaria de PPP, parcerias público-privadas, concessões e busca de investidores interessados em viabilizar os projetos da agência.

Por essa eu não esperava. Marta quase teve um treco quando eu lhe contei do convite. A boca abriu sem emitir um som, enquanto o olhar dizia: "Mas e as nossas férias, nossas viagens, passeios, planos, nosso tempo juntos?". O fato é que tudo aquilo sempre estaria ali, ainda que no futuro, mas a resposta para o prefeito não podia esperar. Ou era agora ou não era mais.

Um convite para participar do governo sempre envaidece. É mais um tipo de valorização pessoal e de reconhecimento pelo trabalho. Mas, sobretudo, amplia a escala de retribuição ao universo, e eu gosto de escala. Em vez de ajudar apenas um grupo de pessoas, poderia colaborar com uma cidade inteira. Aceitei. Assumi a SP Negócios e depois, em 2014, também fui presidente da SPTuris, empresa de eventos do município, e secretário de Turismo.

Fiquei no governo até agosto de 2016, quando a saúde do meu pai se complicou e achei melhor ter mais tempo para ele — seu Wilford morreria dois meses depois, em outubro. No final de dezembro, voltei a planejar o futuro. Comecei a refletir novamente sobre o que fazer, retomando devagar o plano do ano sabático e animado com novas ideias.

Mais uma vez, não foi possível levar adiante. Ao assumir a prefeitura no lugar de Haddad, em janeiro de 2017, João Dória me convidou para ser seu secretário de Desestatização e Parcerias. Não consegui dizer não. A tentação era muito grande. Era muito desafiador tentar transformar um patrimônio municipal de manutenção cara, como o Estádio do Pacaembu e o Centro de Convenções do Anhembi, entre outras edificações com conceito ultrapassado ou mesmo ares decadentes, em benefícios para a população, como creches e postos de saúde, ou mesmo em empreendimentos modernos. Aceitei de novo.

O que virá depois? Não faço ideia — e, para uma pessoa que sempre foi tão regrada e disciplinada, estou até começando a gostar de incerteza, da sensação de que tudo é possível. Penso, talvez, em investir em algo relacionado à terceira idade, área ainda muito mal explorada num país em que o índice de longevidade só aumenta, ou à energia solar, o grande gerador natural, que, mais dia, menos dia, ainda vai abastecer celulares, casas, cidades e países.

Também posso me tornar um consultor, replicando pelos mais de 5500 municípios brasileiros minha experiência com desestatizações. Quase toda cidade do interior tem um campo de futebol meio abandonado, uma rodoviária velha, um parque descuidado, um prédio mal utilizado, um cemitério mal gerido, áreas mal aproveitadas que podem ser repassadas à iniciativa privada, trazendo recursos e benefícios à população.

Seja como for, gostaria muito de dar mais palestras para continuar inspirando jovens e empreendedores a perseguir seus sonhos. O Brasil é uma nação muito desigual. Como eu, milhões de pessoas deram ou dão a largada em enorme desvantagem competitiva em relação a quem não teve de enfrentar tantas adversidades. Mas, em muitos casos, a desigualdade não é impeditivo, e sim um estimulante para compensar as faltas e tentar equiparar o jogo. A toda hora, vivo encontrando inúmeras pessoas, do interior ou das capitais, de Norte a Sul, que também vieram do nada, superaram obstáculos e se tornaram bem-sucedidas. Só depende da gente e de mais ninguém fazer com que nossos sonhos ocupem seu lugar no mundo.

Neste livro, nas palestras ou no que quer que venha pela frente, talvez minha nova missão no futuro seja esta: fazer com que as pessoas acreditem, voltem a se lembrar ou reforcem a crença de que sempre é possível virar o jogo e deixar sua marca no mundo.

Veja, eu sou uma improbabilidade estatística. De saída, tive de superar condição social, situação econômica, geografia, circunstâncias, limitações iniciais e opiniões desfavoráveis dos outros, para não dizer uma total falta de fé em mim. Qual a chance de alguém que nasceu pobre no meio do nada criar uma empresa de sucesso? De um menino com enormes desvantagens de conhecimento se tornar o primeiro aluno da classe na escola e um dos dois melhores na faculdade? De um garoto tímido que não sorria e não falava muito para não passar vergonha se tornar um grande vendedor? Minhas chances eram muito baixas, tendendo ao zero.

Para uma pessoa que saiu da roça sem luz, sem pegar caminho torto e sem herança, conseguir um emprego na capital já é uma vitória digna de troféu. Mas, por mais bem-sucedida que seja uma carreira, na maioria das vezes ela esbarra num limite. Não há nada de errado com isso, a não ser que, depois de conseguir se estabilizar no mercado, a pessoa continue sonhando alto. Eu poderia estar até hoje no meu emprego na Refinações de Milho, Brasil, quem sabe seria presidente ou estaria dirigindo uma filial no exterior. Mas pedi demissão porque não conseguia parar de sonhar.

Se for seu caso, por favor, não deixe de empreender, de criar seu próprio negócio. Arrisque-se. Se falhar, não desista, tente de novo, busque outro caminho, sempre é possível corrigir. Antes da Poit, tive uma empresa de engenharia bem-sucedida, mas que não me realizava, e também quatro negócios que variaram entre o medíocre, o fiasco e o desastre. Só com quarenta anos criei a empresa que me possibilitou preencher o vazio que eu sentia. Se eu não tivesse tentado e errado antes, não teria acertado depois.

Criei uma empresa sem nenhuma inovação ou invenção tecnológica. Comecei a alugar gerador porque não gostei do serviço pelo qual paguei e achei que podia fazer melhor, e todo mundo que já foi mal atendido deve ter pensado a mesma coisa. Fui aos poucos, avancei devagar, passei um tempão com apenas um caminhão e um gerador. Muitas vezes saí da empresa de madrugada e voltei com o sol nascendo. Dei sempre o máximo para deixar os clientes satisfeitos. Quando vi oportunidades, mergulhei nelas.

Por mais conturbado que possa ser, o Brasil ainda é uma terra de grandes oportunidades, até por causa das crises. Falta muita coisa e, sobretudo, coisas bem-feitas. Não serão mais as grandes empresas que farão o país dar um salto econômico, e sim a multiplicação de micros, pequenas e médias empresas, criadas por pessoas que não se conformaram em ter tampa na sua panela, que acreditaram que o céu é o limite. Pessoas que, ao mesmo tempo, se negaram a andar de lado, jamais deixaram de acreditar, transformando "não" em "sim", e, por isso, foram além.

Boa sorte para você.

CRÉDITOS DAS IMAGENS

pp. 101-5 e 108: Acervo pessoal de Wilson Poit

p. 106: Texto de Thereza Martins, foto de Kleide Teixeira. Revista *Pequenas Empresas Grandes Negócios*, n. 146, mar. 2001, pp. 42-3. Editora Globo/ Agência O Globo

p. 107: Texto de Ana Luiza Daltro e Érico Oyama, foto de Lailson Santos. Revista *Veja*, ed. 2245, 30 nov. 2011, p. 130. Abril Comunicações S.A.

AGRADECIMENTOS

Agradeço a todas as pessoas que contribuíram para meu crescimento pessoal, profissional e para essa história de sucesso. Sou o resultado da confiança e da força de cada um de vocês.

Meus sinceros agradecimentos a meus filhos, meus pais, meu irmão, familiares, amigos, clientes, consultores, mentores, *advisors* e, principalmente, aos colaboradores e funcionários das empresas que tive, sobretudo da Poit Energia. Foram muitos, muitos mesmo, que vestiram a camisa e formaram um verdadeiro time forte, com garra, amor, muita dedicação e, como gostávamos de falar em nosso dia a dia, com "sangue azul" (as cores da Poit eram azul e branco). Dessa equipe, em meio a tantos, quero destacar Roberto Chieco, fiel colaborador há muito tempo, e Clélia Delcole, minha secretária até hoje, e que ajudou bastante para que este livro existisse.

Sou grato a todos que contribuíram dando entrevistas, lendo as primeiras versões do texto, em parte ou na íntegra, fazendo sugestões e apontando caminhos.

Finalmente, agradeço à minha esposa, Marta, que esteve ao meu lado em tantos momentos da organização da empresa, me ajudou nas revisões desta história, me estimulou e, com seu amor e atenção, foi importante para que este livro deixasse de ser apenas projeto.

A todos, meu muito obrigado!

TIPOGRAFIA Arnhem Blond
DIAGRAMAÇÃO acomte
PAPEL Pólen Soft, Suzano Papel e Celulose
IMPRESSÃO Lis Gráfica, junho de 2019

A marca FSC® é a garantia de que a madeira utilizada na fabricação do papel deste livro provém de florestas que foram gerenciadas de maneira ambientalmente correta, socialmente justa e economicamente viável, além de outras fontes de origem controlada.